Lily Cooper

Guardião da Luz
Proteção e Cura com o Arcanjo Miguel

Título Original: Guardian of Light - Protection and Healing with Archangel Michael
Copyright © 2024, publicado por Luiz Antonio dos Santos ME em 2025.
Este livro é uma obra de não-ficção que explora práticas espirituais e rituais com o Arcanjo Miguel, abordando temas como proteção, cura e conexão divina. A autora apresenta ensinamentos e técnicas para fortalecer a relação com esse poderoso guardião celestial, promovendo equilíbrio, segurança e transformação interior.
1ª Edição
Equipe de Produção
Autora: Lily Cooper
Editor: Luiz Santos
Capa: Studios Booklas / Rafael Mendes
Consultor: Mariana Oliveira
Pesquisadores: Fernando Lima / Camila Duarte / João Batista
Diagramação: Ricardo Nascimento
Tradução: Patrícia Alves
Publicação e Identificação
Guardião da Luz: Proteção e Cura com o Arcanjo Miguel
Booklas, 2025
Categorias: Espiritualidade / Desenvolvimento Pessoal
DDC: 133.9 / **CDU:** 299.93
Todos os direitos reservados a:
Luiz Antonio dos Santos ME / Booklas
Nenhuma parte deste livro pode ser reproduzida, armazenada em um sistema de recuperação ou transmitida por qualquer meio — eletrônico, mecânico, fotocópia, gravação ou outro — sem a autorização prévia e expressa do detentor dos direitos autorais.

Sumário

Prólogo 11
Capítulo 1 Despertando para a Presença do Arcanjo 15
Capítulo 2 Fortalecendo Sua Conexão Espiritual 21
Capítulo 3 Preparando-se para Rituais 28
Capítulo 4 Invocando a Ajuda de Miguel 35
Capítulo 5 Compreendendo os Símbolos Sagrados 42
Capítulo 6 Trabalhando com a Espada de Luz 49
Capítulo 7 Ativando o Escudo de Proteção 55
Capítulo 8 Equilibrando com a Balança Divina 62
Capítulo 9 Transmutando com a Chama Azul 69
Capítulo 10 Integrando os Atributos de Miguel 76
Capítulo 11 Ritual de Iniciação Angélica 84
Capítulo 12 Meditando com a Presença de Miguel 91
Capítulo 13 Recebendo a Orientação Divina 97
Capítulo 14 Cura Emocional com o Apoio de Miguel 104
Capítulo 15 Restaurando a Saúde Física 111
Capítulo 16 Purificando Ambientes com Miguel 119
Capítulo 17 Proteção Espiritual Diária 126
Capítulo 18 Superando Medos com a Ajuda de Miguel 133
Capítulo 19 Libertando-se de Hábitos Prejudiciais 140
Capítulo 20 Manifestando Objetivos com Miguel 147
Capítulo 21 Cultivando a Paz Interior 153
Capítulo 22 Conectando-se com a Hierarquia Angélica 160
Capítulo 23 Ritual de Consagração a Miguel 167

Capítulo 24 Aprimorando Sua Comunicação Angelical 174
Capítulo 25 Alinhando-se com o Propósito Divino 182
Capítulo 26 Viagens Astrais com a Proteção de Miguel 189
Capítulo 27 Facilitando Curas em Grupo 196
Capítulo 28 Reconhecendo Miguel como Mensageiro 203
Capítulo 29 Dedicando-se a uma Missão Espiritual 210
Capítulo 30 Alcançando a Ascensão Espiritual 217
Capítulo 31 Celebrando Festividades Sagradas 224
Capítulo 32 Explorando os Ensinamentos Esotéricos.............. 230
Capítulo 33 Honrando o Legado Espiritual 238
Capítulo 34 Milagres e Intervenções Divinas 245
Capítulo 35 Alinhando-se com os Ciclos Cósmicos................ 252
Capítulo 36 Manifestando Abundância com Miguel 259
Capítulo 37 Encontrando Apoio em Transições 266
Capítulo 38 Expandindo Sua Percepção Multidimensional...... 273
Capítulo 39 Colaborando com os Anjos Elementais 280
Capítulo 40 Miguel como Patrono dos Guerreiros 287
Capítulo 41 Estendendo a Conexão à Família 294
Capítulo 42 Aplicando os Ensinamentos na Vida Diária.......... 301
Epílogo 308

Índice Sistemático

Capítulo 1: Despertando para a Presença do Arcanjo - Aborda a importância do Arcanjo Miguel em diversas culturas e religiões e como despertar para a sua presença através da atenção plena e da prática espiritual.

Capítulo 2: Fortalecendo Sua Conexão Espiritual - Explora como aprofundar o vínculo com o Arcanjo Miguel através de práticas como a definição de intenções, rituais e meditação, criando um espaço interior para receber a sua orientação.

Capítulo 3: Preparando-se para Rituais - Detalha a importância da purificação do corpo, mente e espírito antes de realizar rituais com o Arcanjo Miguel, criando um espaço sagrado e receptivo para a sua energia.

Capítulo 4: Invocando a Ajuda de Miguel - Ensina como invocar o Arcanjo Miguel através de invocações e visualizações, utilizando a sua espada de luz para obter orientação e o seu escudo para proteção.

Capítulo 5: Compreendendo os Símbolos Sagrados - Apresenta os símbolos associados ao Arcanjo Miguel, como a espada, o escudo, a balança e a chama azul, e como trabalhar com eles para se alinhar com a sua energia.

Capítulo 6: Trabalhando com a Espada de Luz - Detalha como usar a Espada de Luz de Miguel para cortar apegos, medos e ilusões, libertando-se de padrões que impedem o crescimento espiritual.

Capítulo 7: Ativando o Escudo de Proteção - Ensina como ativar o Escudo de Proteção de Miguel para se proteger de energias negativas e influências prejudiciais, criando uma barreira de luz e força.

Capítulo 8: Equilibrando com a Balança Divina - Explora como usar a Balança Divina de Miguel para encontrar equilíbrio e harmonia em todas as áreas da vida, buscando a justiça e a verdade em cada ação.

Capítulo 9: Transmutando com a Chama Azul - Detalha como usar a Chama Azul de Miguel para transformar emoções, pensamentos e energias negativas em luz, promovendo cura e libertação.

Capítulo 10: Integrando os Atributos de Miguel - Aborda a importância de integrar as qualidades de Miguel, como coragem, justiça, proteção e fé, na vida diária, tornando-se um reflexo de sua luz.

Capítulo 11: Ritual de Iniciação Angélica - Detalha um ritual para aprofundar a conexão com Miguel, marcando o início de uma jornada espiritual com a sua orientação e proteção.

Capítulo 12: Meditando com a Presença de Miguel - Ensina como meditar com a presença de Miguel, convidando a sua energia para aprofundar a conexão espiritual e promover a paz interior.

Capítulo 13: Recebendo a Orientação Divina - Explora como receber a orientação de Miguel através da intuição, símbolos, sonhos e sincronicidades, aprendendo a reconhecer e confiar em suas mensagens.

Capítulo 14: Cura Emocional com o Apoio de Miguel - Aborda a cura emocional com a ajuda de Miguel, liberando fardos, traumas e medos que impedem a paz interior.

Capítulo 15: Restaurando a Saúde Física - Explora como a energia de cura de Miguel pode apoiar a saúde física, promovendo a harmonia entre corpo, mente e espírito.

Capítulo 16: Purificando Ambientes com Miguel - Ensina como purificar ambientes com a energia de Miguel, removendo a negatividade e criando espaços de harmonia e proteção.

Capítulo 17: Proteção Espiritual Diária - Aborda a importância da proteção espiritual diária com Miguel, criando um escudo que o protege contra influências negativas e energias indesejadas.

Capítulo 18: Superando Medos com a Ajuda de Miguel - Explora como superar o medo com a orientação de Miguel, transformando-o em uma oportunidade de crescimento e força interior.

Capítulo 19: Libertando-se de Hábitos Prejudiciais - Detalha como a energia de Miguel pode ajudá-lo a se libertar de hábitos prejudiciais, substituindo-os por escolhas positivas e de afirmação da vida.

Capítulo 20: Manifestando Objetivos com Miguel - Ensina como manifestar seus objetivos com a orientação de Miguel, alinhando suas intenções com o propósito divino e transformando sonhos em realidade.

Capítulo 21: Cultivando a Paz Interior - Aborda a importância de cultivar a paz interior com a ajuda de Miguel, liberando ansiedades e se conectando com um senso mais profundo de harmonia.

Capítulo 22: Conectando-se com a Hierarquia Angélica - Explora como se conectar com a hierarquia angélica sob a orientação de Miguel, abrindo caminho para uma rede de apoio espiritual.

Capítulo 23: Ritual de Consagração a Miguel - Detalha um ritual para se consagrar a Miguel, formalizando um compromisso de trilhar um caminho alinhado com suas qualidades e orientação.

Capítulo 24: Aprimorando Sua Comunicação Angelical - Ensina como aprimorar a comunicação com Miguel, desenvolvendo habilidades para receber sua orientação com clareza e confiança.

Capítulo 25: Alinhando-se com o Propósito Divino - Aborda a importância de se alinhar com seu propósito divino através da orientação de Miguel, vivendo uma vida cheia de intenção e significado.

Capítulo 26: Viagens Astrais com a Proteção de Miguel - Explora como realizar viagens astrais com segurança e propósito sob a proteção e orientação de Miguel.

Capítulo 27: Facilitando Curas em Grupo - Ensina como facilitar sessões de cura em grupo com a orientação de Miguel, criando um espaço de unidade e cura coletiva.

Capítulo 28: Reconhecendo Miguel como Mensageiro - Explora o papel de Miguel como mensageiro da vontade divina, aprendendo a reconhecer e interpretar suas mensagens.

Capítulo 29: Dedicando-se a uma Missão Espiritual - Aborda a importância de se dedicar a uma missão espiritual com Miguel como guia, vivendo com propósito e servindo ao bem maior.

Capítulo 30: Alcançando a Ascensão Espiritual - Explora práticas avançadas para a ascensão espiritual com a orientação de Miguel, elevando a consciência e expandindo a percepção.

Capítulo 31: Celebrando Festividades Sagradas - Ensina como celebrar festividades sagradas com Miguel, honrando momentos divinos e aprofundando a conexão espiritual.

Capítulo 32: Explorando os Ensinamentos Esotéricos - Mergulha nos ensinamentos esotéricos associados a Miguel, revelando camadas mais profundas de sua presença e sabedoria.

Capítulo 33: Honrando o Legado Espiritual - Aborda a importância de honrar o legado espiritual de Miguel, conectando-se com sua influência atemporal e levando sua luz adiante.

Capítulo 34: Milagres e Intervenções Divinas - Explora os milagres e intervenções de Miguel ao longo da história, convidando sua ajuda em momentos de necessidade.

Capítulo 35: Alinhando-se com os Ciclos Cósmicos - Ensina como se alinhar com os ciclos cósmicos com a orientação de Miguel, vivendo em harmonia com os ritmos do universo.

Capítulo 36: Manifestando Abundância com Miguel - Explora como manifestar abundância em todas as áreas da vida com a ajuda de Miguel, liberando bloqueios e cultivando a gratidão.

Capítulo 37: Encontrando Apoio em Transições - Aborda como encontrar apoio em tempos de transição com a orientação de Miguel, navegando pelas mudanças com graça e resiliência.

Capítulo 38: Expandindo Sua Percepção Multidimensional - Explora como expandir sua percepção multidimensional com Miguel, abrindo-se a energias, entidades espirituais e reinos superiores.

Capítulo 39: Colaborando com os Anjos Elementais - Ensina como colaborar com os anjos elementais sob a orientação de Miguel, conectando-se com a sabedoria e energia da natureza.

Capítulo 40: Miguel como Patrono dos Guerreiros - Explora o papel de Miguel como patrono dos guerreiros, convidando suas qualidades de bravura, honra e força para sua vida.

Capítulo 41: Estendendo a Conexão à Família - Aborda como estender a conexão com Miguel à sua família, fortalecendo a unidade, cura e compreensão familiar.

Capítulo 42: Aplicando os Ensinamentos na Vida Diária - Guia você para integrar a presença de Miguel em momentos rotineiros, transformando cada dia em uma oportunidade de alinhamento espiritual.

Prólogo

Há um momento em que você sente um chamado silencioso, um sussurro gentil que toca seu coração e desafia o mundo ao seu redor. Uma presença que transcende o ordinário e evoca uma dimensão que, embora invisível, se manifesta para aqueles prontos para percebê-la. Este livro, que agora você segura em suas mãos, é um portal que o conecta a essa dimensão, um espaço onde o físico e o espiritual se entrelaçam, onde a proteção e a força de um guardião eterno, o Arcanjo Miguel, aguardam aqueles que se abrem à sua luz.

Desde tempos imemoriais, Miguel tem sido o defensor da humanidade, uma presença que ecoa através dos tempos e atravessa culturas e crenças. Mas ele não é meramente uma figura de lendas antigas; ele é real, tangível para aqueles que o buscam sinceramente. Ele é aquele que oferece sua espada de luz para cortar ilusões e seus escudos para proteger a essência de quem você realmente é. Com Miguel ao seu lado, você não apenas encontra coragem, mas descobre que essa coragem sempre existiu dentro de você, esperando para ser despertada.

Agora, que cada página deste livro seja uma ponte, um caminho que o aproxima dessa conexão. Este livro não é apenas uma leitura; é um guia vivo, um elo com uma força que ilumina e protege. Miguel está presente nas palavras, na energia que flui de cada capítulo, em cada símbolo e prática aqui descritos. Conforme você avança nesta leitura, você não apenas lerá – você sentirá sua presença – uma energia forte e constante, um apoio incondicional para cada momento de dúvida, desafio ou vulnerabilidade.

Talvez você já tenha sentido essa força inexplicável em algum momento, um sopro de confiança em meio ao medo, uma sensação de paz em tempos de angústia. Pode ter sido uma pequena coincidência, uma pena inesperada, um raio de luz em um momento sombrio ou uma intuição repentina que lhe trouxe clareza. Estes são sinais do arcanjo, pequenos convites para você reconhecer sua presença. E nesse reconhecimento, você abre um caminho para um relacionamento transformador.

A jornada com Miguel não é passiva, nem imediata. Exige que você se entregue ao desconhecido, que cultive um espaço diário para a conexão, permitindo que a luz de Miguel penetre e ilumine todos os aspectos de sua vida. Ao ler este livro, você entrará em uma nova dinâmica de autoconsciência e entrega, onde os desafios se tornam oportunidades de crescimento, onde a dúvida se dissolve em confiança e onde as sombras cedem ao poder da luz. Com Miguel, a proteção é mais do que defesa; é um despertar para o seu próprio potencial.

Este não é um livro sobre Miguel. É um caminho para conhecê-lo, uma experiência que o coloca diretamente sob seu manto protetor, envolvendo-o em uma armadura invisível de paz e clareza. Os ensinamentos aqui irão guiá-lo em práticas e rituais que amplificam sua conexão com ele, permitindo que você sinta sua presença em sua vida diária, em momentos de tranquilidade e turbulência. Cada símbolo, cada chama, cada palavra invocada é uma chave que abre o portal para sua força e apoio.

Ao caminhar por estas páginas, você estará ativando o poder do Arcanjo Miguel em sua vida. Você sentirá a energia de sua espada, cortando os laços de velhos medos e crenças limitantes, criando um novo espaço para o que realmente importa. Seu escudo irá envolvê-lo como uma esfera de luz, protegendo-o de influências que não servem mais ao seu bem maior, permitindo que sua própria luz brilhe sem obstruções. E à medida que você aprofunda essa conexão, você perceberá que Miguel não apenas o protege, mas desperta uma força dentro de você, um potencial adormecido que simplesmente precisava ser reconhecido.

Este livro é para você, para o despertar do guerreiro que vive dentro de você. É um chamado para você se descobrir forte e protegido, guiado por uma força que nunca o abandonará. Miguel está ao seu lado agora, pronto para estender sua proteção e poder em sua vida. A cada página, você caminhará mais perto dessa presença, mais perto de uma luz que transforma, protege e guia. Siga em frente; permita-se conhecer esta presença sagrada, pois a jornada que você está prestes a embarcar é mais do que uma leitura. É o começo de uma nova realidade, onde você e Miguel caminham juntos, e onde você encontrará a verdadeira segurança e poder que sempre residiram dentro de você.

Capítulo 1
Despertando para a Presença do Arcanjo

Nos momentos silenciosos do amanhecer e do anoitecer, naquelas pausas onde o tempo parece suspenso, reside uma oportunidade de comunhão com uma força além da visão – uma figura radiante que tem velado pela humanidade desde as eras mais antigas. O Arcanjo Miguel, conhecido em todas as culturas e religiões como o guerreiro da luz, o defensor, o mensageiro, chama aqueles que buscam proteção, orientação e força. Sua presença é ao mesmo tempo gentil e poderosa, muitas vezes sentida como uma mudança sutil na energia ou percebida através de sinais que ressoam profundamente na alma. Despertar para a presença de Miguel não é apenas notar sua influência, mas abrir-se totalmente a um reino onde o material e o espiritual se entrelaçam, um lugar onde as fronteiras se dissolvem e a compreensão floresce.

Reconhecer o Arcanjo Miguel em sua vida é sintonizar-se com uma sinfonia antiga, que chama os corajosos e os devotos. Desde que os humanos buscaram proteção contra perigos invisíveis, Miguel tem sido a sentinela celestial, portando a espada da verdade e da justiça divinas. Mas senti-lo requer não apenas intenção, mas um amolecimento do coração e um aguçamento dos sentidos internos. Sua presença geralmente começa como uma impressão – uma atração quase magnética que deixa a pessoa se sentindo apoiada e protegida. Ele se manifesta através da luz, muitas vezes em tons de azul ou dourado, e traz uma energia de clareza e força que preenche até os espaços mais vulneráveis dentro de nós.

Esta jornada começa com a consciência, pois a consciência abre o portal para o reino de Miguel. Para muitos, o primeiro vislumbre vem em momentos de desespero ou dificuldade, quando uma inexplicável onda de coragem ou paz surge de dentro, como se o próprio Miguel estivesse ao lado deles. Em outros casos, sua influência pode ser notada em símbolos ou palavras recorrentes que aparecem sutilmente ao longo do dia – um sonho vívido, uma pena encontrada à sua porta ou o brilho repentino da luz no canto da visão. Podem parecer coincidências, mas são a maneira de Miguel de estender a mão, chamando-nos a reconhecer sua guarda duradoura.

Sintonizar-se com sua presença requer mais do que reconhecer sinais; exige uma sintonia da própria frequência interna, um silenciar da mente e uma limpeza do coração. O domínio de Miguel existe dentro dos planos vibracionais de coragem, força e amor. Para alcançá-lo, é preciso cultivar essas qualidades internamente, como se estivesse polindo um espelho para captar a luz. O ritual do despertar começa criando momentos sagrados a cada dia para sentar-se em silêncio, permitindo que a mente entre em um estado de entrega. Este não é um vazio passivo, mas uma prontidão para receber – uma disposição para ouvir a voz que não fala em palavras.

Comece cada manhã invocando uma oração ou intenção, que abra seu espírito à luz de Miguel. Que seja simples, talvez algo como: "Arcanjo Miguel, guardião da luz, revele sua presença em minha vida. Permita-me caminhar em força, protegido e guiado por sua sabedoria." Mesmo enquanto essas palavras são ditas, imagine uma vasta luz azul envolvendo você, uma luz que é viva, pulsando com calor e propósito. Você pode descobrir que, ao recitar esta intenção, uma onda de calma o envolve, um lembrete gentil, mas inconfundível, de que você não está sozinho.

Mas as palavras sozinhas são apenas parte da jornada. Visualizar Miguel, imaginar sua imagem com uma espada da verdade e um escudo de luz, ajuda a ancorar sua energia em sua mente e coração. Veja-o como um ser de imensa força e compaixão, de pé ao seu lado, suas asas se estendendo para fora, prontas para protegê-lo de qualquer dano. Imagine sua espada, não como uma arma de guerra, mas como um farol que corta ilusões e medos. Sinta sua força infundir seu próprio coração, enchendo-o de uma confiança que transcende as limitações pessoais.

Preste atenção às sensações que surgem durante esses momentos. A energia de Miguel pode ser sentida como uma onda de calor no peito, um formigamento na pele ou uma clareza repentina da mente. Ele vem com uma força inconfundível, uma assinatura vibracional que é ao mesmo tempo edificante e fortalecedora. Embora sua presença possa inspirar admiração, ela também é marcada por uma profunda gentileza que oferece paz e segurança. Com o tempo, essas experiências se tornam mais claras, mais distintas. A cada respiração consciente, você está criando uma ponte para o reino dele, um caminho que se fortalece com o uso, como pegadas formando uma trilha na floresta.

À medida que você constrói essa conexão, os sinais da presença de Miguel começarão a se manifestar com maior frequência e de maneiras mais tangíveis. Ele se comunica através de sincronicidades, símbolos e uma intuição aguçada que muitas vezes parece um sussurro guiando você na direção certa. Por exemplo, o aparecimento repentino do nome "Miguel" em lugares inesperados, seja em uma conversa ou no título de um livro, pode ser uma indicação de sua atenção sobre você. Penas, particularmente azuis ou brancas, também podem estar entre seus cartões de visita, deixados como lembretes sutis de que você está sob sua proteção. Em sonhos, ele pode aparecer como uma figura de luz ou um guerreiro lutando contra as sombras, oferecendo orientação através de símbolos e imagens que falam às suas necessidades e desejos mais íntimos.

A jornada para reconhecer a presença de Miguel é tão única quanto cada alma que a empreende. Alguns podem sentir uma conexão imediata, enquanto outros podem experimentar sua influência lentamente, como uma semente criando raízes no solo. Para aqueles que buscam um vínculo mais profundo, pode ser útil dedicar um pequeno altar ou espaço sagrado a Miguel em sua casa. Coloque uma vela azul, um símbolo de sua luz celestial, e talvez uma pequena estátua ou imagem dele como um ponto focal para suas orações e meditações. Cada vez que você passar, ofereça uma oração silenciosa ou toque seu coração em gratidão, reconhecendo sua presença em sua vida.

A natureza também pode ser uma poderosa aliada na conexão com Miguel. O mundo natural ressoa com sua essência, da resiliência das montanhas à clareza das águas correntes. Passe tempo em lugares que evoquem uma sensação de paz e força, deixando a energia desses espaços sagrados lembrá-lo de sua presença sempre vigilante. Se possível, fique sob um vasto céu, respire fundo e imagine a luz de Miguel descendo dos céus, envolvendo-o em um casulo de proteção. Tais momentos, imersos em quietude e reverência, promovem uma receptividade que vai além do comum, permitindo que a energia de Miguel flua para seu coração sem interferência.

Uma vez que essa conexão é estabelecida, ela se torna parte do seu ser. Você pode descobrir que certas situações, que antes causavam ansiedade ou medo, agora são recebidas com uma nova calma. Este é o presente de Miguel, pois sua presença tem um efeito transformador que fortalece o coração e alinha a mente com um propósito superior. Através dele, a coragem se torna mais do que uma emoção – torna-se um estado de existência, uma lente através da qual o mundo é visto e compreendido.

Abraçar a presença do Arcanjo Miguel é um ato de fé, uma entrega às forças invisíveis do bem que trabalham incansavelmente para o nosso bem-estar. É reconhecer que caminhamos ao lado de um protetor que está sempre presente, que não se cansa nem vacila, cuja luz é tão eterna quanto as estrelas. E embora ele possa aparecer como uma figura de força e autoridade, seu desejo mais profundo é despertar essas mesmas qualidades dentro de nós, para nos ver caminhar com ousadia em nossos caminhos com corações abertos e mentes firmes.

À medida que essa consciência se aprofunda, haverá momentos em que você sentirá uma certeza inabalável de que Miguel está com você. Talvez venha como uma visão de luz, uma sensação de calor em um momento de medo, ou um sinal inegável que só poderia ser obra dele. Cada vez que você o sentir, lembre-se de que sua presença é um lembrete de seu próprio potencial divino. Ao buscá-lo, você não está apenas convidando um guardião, mas um guia, aquele que caminhará ao seu lado, capacitando-o a se tornar um farol de luz, assim como ele é.

Através deste despertar silencioso, mas profundo, você percebe que a fronteira entre você e o arcanjo não é tão sólida quanto parece. Sua força se torna sua, sua coragem flui em suas veias, e sua dedicação inabalável à verdade e à justiça desperta um propósito divino dentro de você. Abrace esta jornada com abertura, e deixe cada momento de conexão servir como uma ponte para reinos além da visão, para um mundo onde a luz do Arcanjo Miguel brilha intensamente, iluminando para sempre seu caminho.

Capítulo 2
Fortalecendo Sua Conexão Espiritual

Caminhar em um caminho com o Arcanjo Miguel é comprometer-se não apenas com sua proteção, mas com um relacionamento espiritual evolutivo e profundo. Como qualquer conexão de valor profundo, requer intenção, dedicação e o cultivo de um coração receptivo. Fortalecer esse vínculo é uma prática, uma disciplina que cresce com o tempo e revela novas camadas de sabedoria e apoio a cada passo. Este é o caminho da comunhão com Miguel – uma jornada humilde e transformadora.

Aqueles que buscam a companhia de Miguel frequentemente sentem um chamado, um impulso interior para se conectar com sua energia além da mera invocação. A ressonância de sua essência nos convida a explorar reinos do espírito onde a coragem, a clareza e a verdade divina residem. Fortalecer sua conexão com ele é cultivar as qualidades que ele incorpora, criando dentro de si um santuário onde sua presença possa fluir naturalmente. A luz de Miguel é como um rio; para recebê-la plenamente, você deve primeiro preparar um lugar dentro de si onde ela possa ser contida e nutrida.

Comece esta jornada definindo uma intenção sagrada. As intenções agem como a mão invisível que nos guia, um farol que envia os desejos de nossa alma para fora, alinhando-nos com forças espirituais além de nossa compreensão consciente. Escolha uma intenção que ressoe profundamente com você, uma que expresse seu desejo genuíno de se conectar com o Arcanjo Miguel. Pode ser uma frase simples, como "Abro meu coração à orientação e proteção de Miguel" ou "Caminho na coragem e força do Arcanjo Miguel". Repita-a diariamente, permitindo que suas palavras se instalem profundamente em seu espírito, deixando que cada repetição fortaleça o vínculo que você está construindo.

Com essa intenção como base, crie rituais que o aproximem de sua presença. Esses rituais não precisam ser elaborados; eles simplesmente precisam ser consistentes, um gesto regular que sinaliza seu compromisso com essa conexão sagrada. Uma prática a considerar é acender uma vela todas as manhãs ou noites – uma vela azul ou branca, se possível, pois essas cores são frequentemente associadas a Miguel. Ao acendê-la, visualize a chama como um portal para o mundo dele, uma ponte que permite que sua luz preencha seu espaço e seu coração. Enquanto a vela queima, imagine-a dissipando quaisquer sombras ao seu redor, simbolizando a clareza e a coragem que Miguel traz.

Aquietar a mente e preparar o coração são passos essenciais nesse processo, pois a presença de Miguel nem sempre é alta ou óbvia. Sua energia flui silenciosamente, sutilmente, como a luz da manhã que ilumina o céu gradualmente, até que tudo esteja banhado em radiância. A meditação é uma ferramenta poderosa para sintonizar esse reino mais sutil. Comece sentando-se em silêncio, fechando os olhos e concentrando-se na respiração. A cada inspiração, visualize a luz de Miguel entrando, permitindo que ela preencha cada parte de você. Ao expirar, libere quaisquer dúvidas ou medos que possam obscurecer sua capacidade de se conectar. Deixe que esse ritmo de respiração o leve a um espaço de quietude interior, um santuário onde a energia de Miguel pode ser recebida sem interferência.

Com o tempo, essa prática meditativa abrirá sua consciência, aguçando sua capacidade de perceber as mudanças na energia que sinalizam sua presença. A energia de Miguel é distinta: uma combinação de força e paz que parece simultaneamente enraizadora e edificante. Enquanto você medita, imagine sua presença como um pilar de luz azul ao seu lado ou atrás de você, uma força inflexível de proteção e amor. Sinta essa luz envolvê-lo, formando um escudo impenetrável ao redor de sua aura, uma barreira que impede energias e pensamentos negativos. Deixe essa visualização se tornar o mais real possível, permitindo que sua imaginação se torne a porta de entrada para uma experiência genuína.

Outra maneira de fortalecer seu vínculo é através da prática de escrever um diário. Dedique um caderno às suas experiências espirituais com Miguel, um lugar onde você possa registrar os pensamentos, sinais, sonhos ou sentimentos que surgem ao caminhar por esse caminho. Anotar suas intenções, observações e reflexões ancora suas experiências, tornando-as tangíveis e reais. Você pode descobrir que, ao escrever, insights e mensagens de Miguel começam a fluir naturalmente. Ele frequentemente se comunica por meio de impressões sutis ou mudanças de emoção, que podem facilmente passar despercebidas se não forem capturadas por escrito. Refletir sobre essas anotações ao longo do tempo permite que você veja a progressão de seu relacionamento, as maneiras pelas quais sua presença e orientação moldam sua jornada.

A natureza é outra aliada na promoção dessa conexão espiritual. A essência de Miguel está entrelaçada com as forças da natureza, e o tempo gasto ao ar livre pode amplificar sua presença. Visite um lugar que lhe traga paz, talvez uma floresta, uma montanha ou perto das águas de um lago ou oceano. Sinta o chão sólido sob seus pés, a estabilidade e a resiliência da terra, e permita que esses elementos o lembrem da força de Miguel. O mundo natural carrega uma pureza que se alinha bem com sua energia, tornando mais fácil sentir sua orientação e proteção. Passe tempo nesses lugares não apenas para se conectar com ele, mas para limpar seu espírito, permitindo que os ritmos da natureza o equilibrem e o enraízem.

Símbolos e objetos também podem ser usados como condutores da energia de Miguel, aumentando sua conexão na vida diária. Considere usar ou carregar um pequeno símbolo associado a ele, como um pingente em forma de espada ou escudo, ou um cristal como safira azul, lápis-lazúli ou angelita, todas pedras tradicionalmente conectadas à energia de Miguel. Esses símbolos servem como lembretes, pontos sutis de foco que ajudam você a manter a energia dele perto, mesmo em meio às rotinas diárias. Quando você segura esses objetos ou os toca, deixe-os agir como âncoras, enraizando você em sua força e proteção.

    O trabalho com sonhos oferece mais um caminho para aprofundar seu vínculo. Miguel frequentemente aparece para os buscadores através dos sonhos, usando este espaço tranquilo do subconsciente para transmitir mensagens ou trazer uma sensação de paz e proteção. Antes de ir para a cama, defina a intenção de receber orientação dele, pedindo que quaisquer mensagens sejam reveladas a você de forma clara e de uma maneira que você entenda. Coloque um pequeno objeto que o represente – como uma pedra azul ou pena – ao lado de sua cama, um convite silencioso para que ele entre em seu espaço de sonho. Mantenha seu diário por perto para capturar quaisquer símbolos, impressões ou mensagens ao acordar, pois esses insights geralmente desaparecem rapidamente. Com o tempo, esses sonhos podem começar a formar um mosaico, pequenos pedaços de sabedoria que se conectam para revelar uma imagem maior de sua orientação em sua vida.

    Talvez o mais importante seja ficar atento aos momentos cotidianos que sugerem sua presença. Miguel não está ligado ao etéreo; ele caminha ao lado daqueles que o invocam, influenciando o mundo tangível. Você pode notar que, durante os momentos desafiadores, uma força inexplicável surge dentro de você, ou uma pessoa aparece exatamente quando você precisa de apoio. Estes são momentos em que a influência de Miguel é sutil, mas profunda, uma mão invisível guiando e protegendo. Preste atenção a essas instâncias; elas são as pegadas de sua presença em sua vida, marcadores de um relacionamento que vai além do ritual ou intenção, fundamentado em uma comunhão genuína de espírito.

Fortalecer essa conexão não é um destino, mas uma jornada para toda a vida. A presença de Miguel, uma vez despertada, torna-se uma fonte de apoio duradouro, uma energia com a qual você pode contar mesmo quando o mundo parece incerto ou opressor. E à medida que essa conexão amadurece, ela começa a moldá-lo por dentro, transformando medos em coragem, incerteza em clareza. Na luz de Miguel, você encontra não apenas um protetor, mas um exemplo de devoção inabalável, uma inspiração para trilhar seu caminho com fé inabalável.

Às vezes, esse vínculo pode se tornar tão forte que a orientação de Miguel parece uma parte de você, uma voz interior que fala com clareza e convicção. Quando você enfrenta decisões ou momentos de dúvida, pode ouvir sua presença como um empurrão em direção à verdade, um gentil afastamento de qualquer coisa que não esteja alinhada com seu eu superior. Esta é a profundidade da conexão que pode ser alcançada, uma comunhão que transcende os limites do mundo físico, entrando em uma parceria sagrada onde você se torna, de certa forma, um reflexo de sua força e propósito.

Saiba que esta jornada é única para cada alma. Alguns podem sentir a presença de Miguel como um companheiro silencioso, sempre por perto, mas raramente visto, enquanto outros podem experimentar sua energia de forma mais dramática. Seja como for que ele apareça, lembre-se de que essa conexão é sua, moldada por suas intenções, suas experiências e as profundezas de seu coração. Ao fortalecer esse vínculo, você não está apenas se conectando a um arcanjo; você está se alinhando com uma força profunda de amor e proteção divina, uma que tem cuidado de inúmeras almas ao longo dos tempos.

No silêncio, na chama da vela, na presença enraizadora da natureza e nos símbolos que carregam sua essência, a energia de Miguel pode ser sentida, experimentada e conhecida. Confie nessa conexão, nutra-a com devoção e permita que ela o guie em um caminho iluminado pela coragem e sabedoria do Arcanjo Miguel.

Capítulo 3
Preparando-se para Rituais

Nas tradições antigas, o chamado para invocar uma presença divina exigia mais do que palavras ou gestos — exigia um alinhamento de corpo, mente e espírito, uma completa sintonia com a energia sagrada com a qual se buscava comungar. Preparar-se para rituais com o Arcanjo Miguel é honrar essa prática de preparação sagrada, purificar-se em espírito e coração para que o poder dele possa fluir sem resistência. Pois Miguel, o defensor da verdade e da justiça, requer um espaço livre de dúvidas, distrações e sombras. À medida que nos aproximamos dele com reverência, nossa preparação se torna um sinal de prontidão, um testemunho de nosso respeito por sua profunda presença.

A jornada de preparação começa no santuário interior, o espaço do coração e da mente, onde reside a verdadeira intenção. Preparar-se para receber a luz de Miguel não é apenas limpar o espaço exterior, mas voltar-se para dentro para limpar e harmonizar sua própria energia. Este ato de limpeza é uma oferenda em si, uma maneira de dizer a Miguel: "Apresento-me diante de ti puro, pronto e devoto". É nesta quietude interior, neste estado quieto e receptivo, que sua presença pode ser sentida mais profundamente.

Comece com um ritual de purificação, um ato de limpar não apenas o espaço físico onde você invocará Miguel, mas também o campo energético dentro de si mesmo. Existem várias maneiras de abordar isso, cada uma projetada para limpar tanto as camadas visíveis quanto as invisíveis do seu ser. Primeiro, considere a antiga prática da defumação. Usando um feixe de sálvia ou palo santo, acenda-o e deixe a fumaça limpar seu espaço ritual. Mova-se lentamente, espalhando a fumaça em cada canto, prestando atenção especial aos lugares onde a energia possa parecer pesada ou estagnada. À medida que a fumaça sobe, visualize quaisquer energias negativas ou densas se dissipando, deixando um espaço claro, calmo e pronto para receber a luz divina de Miguel.

Em seguida, considere o poder da água como uma força de limpeza. A água, como símbolo de pureza, é reverenciada em todas as culturas por sua capacidade de lavar impurezas e refrescar o espírito. Antes de iniciar o ritual, reserve alguns momentos para lavar as mãos ou o rosto com intenção, permitindo que a água limpe não apenas fisicamente, mas energeticamente. Se possível, um banho completo com sais purificadores, como sal de Epsom ou sal marinho, pode ajudar a liberar qualquer negatividade ou tensão persistente. Visualize a água retirando e dissolvendo quaisquer preocupações, estresse ou energia residual que possam interferir no ritual. Imagine que, com cada gota, você está renascendo, seu espírito renovado e sintonizado com o sagrado.

Além da limpeza física, a mente também deve ser preparada. Uma mente desordenada é como um espelho embaçado; distorce a percepção e bloqueia a clareza necessária para se conectar profundamente com a presença de Miguel. A meditação serve como uma prática ideal para centralizar a mente e criar um estado de paz interior. Sente-se em silêncio por alguns momentos, respirando lenta e uniformemente, deixando cada expiração liberar as tensões e distrações da vida diária. Imagine seus pensamentos se tornando mais silenciosos, como folhas pousando em águas paradas. Deixe essa quietude trazê-lo para o presente, para um espaço onde o tempo parece suspenso e seu espírito se sente ancorado, pronto para receber.

Com suas energias físicas e mentais alinhadas, o próximo passo é definir sua intenção para o ritual. O poder da intenção não pode ser subestimado — é a semente da qual toda energia flui, o foco que dá propósito e direção ao seu trabalho com Miguel. Ao se preparar, pergunte-se o que você busca em sua orientação: proteção, força, clareza ou talvez sabedoria sobre um assunto específico. Permita que essa intenção se cristalize em seu coração, dando-lhe forma e clareza. Fale em voz alta, se desejar, deixando suas palavras servirem como um farol que chama Miguel, sinalizando sua prontidão para se conectar com sua energia divina.

A unção é outro passo poderoso no processo de preparação, um ato que cria uma ponte entre os mundos físico e espiritual. Certos óleos essenciais, quando usados com reverência, podem aumentar sua conexão com a energia de Miguel. Olíbano, mirra e sândalo são especialmente potentes, conhecidos por suas propriedades espirituais que elevam e purificam. Coloque uma gota de óleo nos pulsos ou na testa, áreas consideradas energeticamente receptivas. Ao fazer isso, visualize a luz de Miguel se fundindo com a sua, criando um escudo que o envolve e o protege enquanto você se abre para sua orientação. Sinta este escudo como um abraço, um casulo de sua força e amor envolvendo você, fazendo você se sentir seguro e fortalecido.

Com cada camada de preparação, você está construindo um receptáculo para a presença de Miguel — um espaço sagrado dentro e ao seu redor que ressoa com sua essência. À medida que o espaço ritual se torna imbuído de pureza e intenção, o ato de invocação se torna não apenas um chamado, mas uma boas-vindas, um convite para Miguel entrar em um ambiente preparado e consagrado. As velas podem ser uma parte essencial dessa atmosfera, suas chamas bruxuleantes simbolizando a luz que Miguel traz para a escuridão. Uma vela azul ou branca, cores que correspondem à sua energia, pode ser colocada no centro do seu espaço. Ao acendê-la, faça uma oração silenciosa, dedicando esta chama à sua orientação e proteção. Visualize-a como um farol que alcança além do reino físico, chamando Miguel para o seu lado.

Quando tudo estiver no lugar, reserve um momento para se conectar com a terra sob seus pés. O poder de Miguel é tanto de ancoragem quanto de força celestial, pois ele é a ponte entre o céu e a terra, ancorando a verdade divina no mundo material. Sinta seus pés firmemente no chão ou imagine raízes se estendendo de seu corpo, ancorando você profundamente na terra. Essa prática de ancoragem estabiliza sua energia, criando um equilíbrio que permite que você permaneça presente, claro e alinhado enquanto trabalha com a energia de Miguel. Nesse estado ancorado, você se torna um canal através do qual a energia dele pode fluir sem impedimentos, permitindo que toda a força de sua presença se manifeste.

Com cada preparação, cada passo consciente, você não está apenas abrindo uma porta para a energia de Miguel, mas demonstrando respeito pela sacralidade deste encontro. Na quietude do seu espaço, ouça atentamente. Você pode começar a sentir uma mudança, uma sensação sutil, mas inegável, de que não está mais sozinho. A energia de Miguel pode se manifestar como um zumbido suave, um calor sutil ou uma vibração no ar ao seu redor. Honre essa presença, pois nesse momento, você está em comunhão com uma força que transcende as preocupações terrenas, um poder que guia, protege e eleva.

Se você se sentir guiado, considere usar palavras sagradas ou invocações ao se aproximar de Miguel. A linguagem, quando falada com intenção, torna-se um canal para a energia divina. Uma invocação simples pode ser: "Arcanjo Miguel, eu te invoco agora. Que tua luz e proteção me envolvam, que tua força e coragem encham meu coração." Ao falar, deixe cada palavra ressoar dentro de você, enviando um pulso de energia para fora. Sinta a atmosfera mudar enquanto você fala, uma afirmação de que suas palavras foram recebidas, que Miguel está presente, atento e pronto para guiar.

Os cristais também podem servir como canais para a energia de Miguel. Certas pedras, particularmente aquelas em tons de azul ou quartzo transparente, podem ser colocadas ao redor do seu espaço ou seguradas em sua mão enquanto você se prepara. Pedras azuis, como lápis-lazúli, sodalita ou cianita azul, alinham-se bem com a energia de Miguel, amplificando suas intenções e ajudando a ancorar sua presença. Segure a pedra em sua mão, sentindo sua energia, e imagine-a conectando você a Miguel, um canal através do qual sua proteção e força fluem para o seu ser. Após o ritual, mantenha esta pedra perto de você como um lembrete de sua presença contínua em sua vida.

Neste espaço preparado e santificado, você está pronto para começar seu trabalho com Miguel. Se você busca sua proteção, orientação ou cura, saiba que cada ritual o aproxima de sua presença, cada oração e intenção é um passo mais profundo em sua luz. O ato de preparação não é meramente uma formalidade — é uma transformação, uma mudança do ordinário para o sagrado, uma abertura do eu para a energia divina. Ao se posicionar no limiar deste espaço sagrado, Miguel o encontra não apenas como um arcanjo, mas como um guardião, um protetor e um amigo.

Lembre-se, também, que cada ritual que você realiza com Miguel é um ato de devoção, uma reafirmação de sua conexão com sua luz. Com cada ritual, você tece um laço que se torna mais forte, um fio invisível que liga sua alma à sua força eterna. Quanto mais profundo esse laço se torna, mais naturalmente você sentirá sua presença e mais poderosamente sua luz o guiará e protegerá.

    Ao concluir seu ritual, reserve um momento para oferecer gratidão. A gratidão é a linguagem do coração, a maneira da alma de reconhecer os dons que recebeu. No silêncio, agradeça a Miguel por sua presença, pela luz e proteção que ele traz e por sua orientação constante. Essa gratidão forma o encerramento do seu ritual, uma oferenda final que sela o espaço com amor e reverência. Saiba que cada vez que você retornar a este espaço, cada vez que você se preparar com este cuidado e devoção, você aprofundará sua conexão com a energia de Miguel, criando uma ponte que se torna mais forte a cada passo que você dá neste caminho sagrado.

Capítulo 4
Invocando a Ajuda de Miguel

O ato de invocação é uma arte antiga, um chamado que une reinos, convidando energias divinas para o nosso mundo. Invocar o Arcanjo Miguel é convocar não apenas proteção, mas uma força de coragem, clareza e verdade inabalável. A presença de Miguel oferece orientação em provações, força diante do medo e uma luz que penetra até as sombras mais densas. Invocar sua ajuda, no entanto, requer mais do que palavras; é uma comunhão, um alinhamento do coração e do espírito com as energias que ele incorpora. Nesta invocação, você está convidando Miguel para sua vida — não meramente como um protetor distante, mas como um companheiro e aliado em seu caminho.

A essência de invocar Miguel reside na intenção. A intenção molda a energia que você direciona, guiando-a com propósito e clareza. Ao chamar Miguel, sua intenção deve ser clara e pura, livre de medo ou dúvida. É essa clareza de propósito que chama a atenção de Miguel, pois sua energia se alinha naturalmente com força, verdade e amor. Antes de começar, centre-se em quietude, ancorando sua mente e emoções. Sinta sua conexão com a terra, a estabilidade que ela proporciona, e deixe esse ancoramento servir como base para a energia que você está prestes a invocar.

Uma maneira poderosa de se preparar para esta invocação é focar na sua respiração. A respiração não é apenas uma fonte de vida física, mas uma porta de entrada para o espírito. Comece respirando profunda e deliberadamente, inspirando pelo nariz e expirando lentamente pela boca. A cada respiração, libere qualquer tensão ou pensamentos persistentes, permitindo que sua mente entre em um estado de abertura silenciosa. Imagine cada inspiração atraindo a luz de Miguel para o seu ser, preenchendo-o com sua coragem e força. Cada expiração libera dúvidas ou medos, limpando o espaço dentro de você para a presença dele.

Visualize-se cercado por luz — uma esfera radiante e protetora que o separa das distrações e do caos do mundo exterior. Esta esfera é o seu espaço sagrado, um lugar de segurança e paz onde apenas energias alinhadas com amor e verdade podem entrar. Imagine essa luz se expandindo, ficando mais brilhante e forte a cada respiração, formando um farol que chama Miguel. Este é o seu sinal para ele, uma luz na vasta extensão que atrai sua presença para mais perto, guiando-o até você.

Quando se sentir centrado e pronto, diga a invocação em voz alta. A presença de Miguel responde poderosamente à palavra falada, pois as palavras carregam a vibração da intenção do seu coração. Você pode criar suas próprias palavras ou usar uma invocação tradicional, como: "Arcanjo Miguel, guardião e protetor, eu te invoco agora. Cerque-me com sua luz, conceda-me sua força e guie-me com sua sabedoria. Eu convido sua presença aqui; que eu possa sentir sua coragem e ser protegido pelo seu poder." Deixe cada palavra ressoar no espaço ao seu redor, imagine sua voz como uma ponte para o reino dele, alcançando através das dimensões onde ele habita.

Enquanto fala, visualize a presença de Miguel tomando forma diante de você. Imagine-o em pé, uma figura poderosa banhada em uma luz azul celestial. Veja o brilho de sua armadura, sua espada de luz na mão, um símbolo de verdade e justiça. Suas asas se estendem amplamente, envolvendo-o em um círculo de proteção. Sinta seu olhar sobre você, uma presença que é ao mesmo tempo compassiva e forte. Deixe essa visão se tornar vívida, permitindo que cada detalhe preencha sua mente. Ao fazer isso, abra seu coração para receber a energia dele, permitindo que ela flua para você como um fluxo constante de luz, ancorando-o em força e preenchendo-o com uma profunda sensação de paz.

As sensações que se seguem podem variar. A presença de Miguel é frequentemente sentida como calor, uma sensação de formigamento ou uma calma inegável. Sua energia pode despertar emoções, trazendo à tona sentimentos que você pode não ter esperado. Saiba que tudo o que surgir faz parte do trabalho dele, uma limpeza e fortalecimento do seu espírito. Permaneça aberto a essas sensações, confiando em sua sabedoria. Se as emoções surgirem, permita que elas fluam sem julgamento, deixando a luz de Miguel limpá-las e transformá-las em força e clareza.

Para aprofundar a conexão, visualize a espada de Miguel. Esta espada não é apenas uma arma; é um símbolo da verdade divina, uma ferramenta para cortar ilusões e falsidades. Imagine-o segurando-a diante de você, sua lâmina brilhando com luz pura. Se você busca orientação ou clareza sobre uma questão específica, agora é a hora de perguntar. Formule sua pergunta claramente em sua mente ou diga-a em voz alta, direcionando-a a Miguel com confiança e abertura. Você pode sentir uma resposta através de palavras que entram em sua mente, uma mudança na energia ou uma sensação de certeza que emerge dentro de você. As respostas de Miguel frequentemente vêm como impressões sutis, sussurros de verdade que se alinham profundamente com sua intuição.

Para aqueles que buscam proteção, visualizem o escudo de Miguel cercando você. Seu escudo é uma barreira de luz pura, uma parede energética que bloqueia todo mal e negatividade. Ao visualizá-lo, sinta-o se formando ao seu redor como uma fortaleza impenetrável, um santuário que nada pode violar. Este escudo se torna parte do seu campo energético, não apenas durante a invocação, mas como uma proteção duradoura que o acompanha. Com o escudo de Miguel, você caminha pelo mundo com confiança, sabendo que está guardado por um arcanjo cuja presença é inabalável e constante.

Se você deseja levar a proteção de Miguel com você além deste momento, considere criar um símbolo ou lembrete físico. Um pequeno cristal, como um pedaço de cianita azul, angelita ou quartzo transparente, pode conter a energia de sua presença. Segure o cristal em sua mão enquanto o invoca, pedindo que ele seja carregado com sua proteção. Ao fazer isso, imagine o cristal absorvendo sua luz, tornando-se um reservatório de sua energia que você pode carregar consigo. Mantenha este cristal por perto — um talismã que detém o poder de sua proteção, um lembrete de sua guarda que você pode recorrer sempre que precisar de força.

A invocação também pode ser aprimorada pelo uso de símbolos sagrados. O sigilo de Miguel, um símbolo associado à sua energia, pode servir como uma ferramenta poderosa para focar sua presença. Desenhe este sigilo em um pequeno pedaço de papel, em uma vela ou até mesmo em sua pele. Ao traçar suas linhas, visualize-o brilhando com luz azul, vibrando com sua energia. O sigilo age como um canal, um sinal de que você o está chamando com reverência e devoção. Em seu coração, saiba que ele reconhece este sinal, que é uma linguagem além das palavras, à qual ele responde com consciência imediata.

Ao concluir a invocação, reserve alguns momentos para sentar-se em silêncio, deixando a energia de Miguel se estabelecer dentro e ao seu redor. Este é um tempo de recepção, um momento para permitir que sua presença se integre totalmente à sua. Você pode sentir uma calma profunda ou uma onda de coragem, uma sensação de alinhamento com algo vasto e inabalável. Segure esse sentimento perto, sabendo que é a marca do espírito de Miguel, um lembrete do vínculo que você acabou de fortalecer. Nestes momentos, você não está meramente pedindo ajuda; você está se fundindo com sua luz, tornando-se um receptáculo para a coragem, clareza e proteção que ele incorpora.

Para encerrar a invocação, ofereça uma palavra de gratidão. A gratidão ancora a energia e completa o círculo da invocação, um gesto que demonstra respeito e reconhecimento pela presença que você convidou. Simplesmente diga: "Obrigado, Arcanjo Miguel, por sua proteção, por sua orientação e por sua luz." Enquanto fala, visualize sua forma começando a se dissolver, a luz ao seu redor diminuindo suavemente. Saiba que ele não o deixa; sua energia permanece em seu coração, uma presença constante que você pode invocar sempre que precisar. O encerramento da invocação não é um adeus, mas uma transição, uma liberação do ritual formal que permite que sua influência permeie sua vida naturalmente.

Quando você se levantar desta invocação, leve adiante a sensação de sua energia, sabendo que ela está entrelaçada no tecido do seu ser. A presença de Miguel permanece com você, não como uma visitação fugaz, mas como uma aliança duradoura, uma parceria que se fortalece cada vez que você o invoca. Confie neste vínculo, sabendo que a cada chamado, ele se aproxima, respondendo não apenas às suas palavras, mas ao chamado silencioso do seu coração.

Em sua vida diária, lembre-se de que invocar Miguel não requer rituais ou palavras elaboradas. Simplesmente chamar seu nome com necessidade genuína e reverência é suficiente. À medida que você trilha este caminho, a linha entre invocação e presença começa a se confundir, até que a invocação se torna desnecessária. A energia de Miguel estará lá, tão próxima quanto a batida do seu próprio coração, um guardião cuja força vive dentro de você. Sua coragem se torna sua coragem, sua clareza sua clareza. Este é o presente da invocação — uma transformação, uma fusão, um tornar-se.

Ao convidar a ajuda do Arcanjo Miguel, você não está meramente convocando um protetor; você está chamando uma força que inspira seu eu superior, guiando-o a viver com verdade e coragem. Em sua presença, o medo desaparece, as sombras recuam e você caminha adiante, iluminado por sua luz. Através de cada invocação, você se alinha mais profundamente com sua energia, moldando uma vida que reflete sua força, sabedoria e compaixão. Com Miguel ao seu lado, o caminho à frente brilha intensamente, cada passo guiado, cada momento mantido na luz de sua eterna guarda.

Capítulo 5
Compreendendo os Símbolos Sagrados

Na rica tapeçaria das práticas espirituais, os símbolos ocupam um lugar único. Eles são portadores de poder ancestral, cada um sendo um portal para reinos de significado e mistério. Os símbolos associados ao Arcanjo Miguel são uns dos mais potentes, incorporando qualidades de proteção, justiça e verdade divina. Compreender esses símbolos sagrados é conectar-se com a própria essência da missão e presença de Miguel. Cada um carrega uma frequência, um pulso de energia que se alinha com as virtudes que ele incorpora, e trabalhar com esses símbolos nos permite sintonizar com sua presença em um nível mais profundo e ressonante.

O primeiro e talvez mais reconhecido símbolo associado ao Arcanjo Miguel é sua espada. Esta não é uma mera arma de combate, mas um farol da verdade divina, um símbolo de pureza e clareza que atravessa ilusões e sombras. Conhecida como a "Espada da Luz", ela representa o poder de cortar falsidades, negatividade e quaisquer laços energéticos que impeçam o crescimento. A espada de Miguel brilha com uma radiante chama azul, uma cor que carrega a vibração de proteção, coragem e vontade divina. Quando visualizada ou invocada, a espada se torna uma extensão da energia de Miguel, uma ferramenta para guerreiros espirituais que buscam caminhar na verdade.

Para se conectar com a energia da espada de Miguel, imagine-a em sua mão, brilhando com uma luz intensa e clara. Visualize-a cortando quaisquer cordas de medo, dúvida ou apego que o prendam. Esta visualização pode ser feita em meditação ou como parte de um ritual onde você invoca a ajuda de Miguel. Ao trabalhar com o símbolo da espada, você convida a energia dele para agir como um guia, revelando o que é verdadeiro e removendo obstáculos que obscurecem seu caminho. É uma ferramenta poderosa para aqueles momentos da vida em que a clareza é necessária, quando o discernimento é essencial e quando você é chamado a liberar velhos padrões que não servem mais ao seu eu superior.

O escudo é outro símbolo sagrado intimamente ligado a Miguel. Assim como sua espada representa verdade e justiça, seu escudo incorpora o poder de proteção e segurança. O escudo é uma barreira contra danos, um limite que protege contra energias indesejadas e negativas influências. O escudo de Miguel é frequentemente visualizado como um círculo de luz ou como um escudo real gravado com símbolos sagrados, brilhando com uma aura de profunda, força inabalável. Representa não apenas defesa, mas a força para permanecer firme, enraizado na luz da proteção divina.

Ao invocar o escudo, imagine-o cercando todo o seu ser, uma barreira cintilante que bloqueia toda a negatividade de entrar em seu espaço. Veja-o desviando quaisquer pensamentos, medos ou energias prejudiciais direcionados a você, permitindo que apenas amor e luz fluam. Em momentos de vulnerabilidade ou medo, visualizar o escudo de Miguel ao seu redor cria uma sensação de segurança e calma, um lembrete de que você nunca está realmente sozinho, que você caminha com proteção divina. Carregar um pequeno talismã ou usar uma joia em forma de escudo pode servir como um lembrete constante da vigilante presença de Miguel, um símbolo que você pode tocar para se reconectar instantaneamente com sua energia.

Além da espada e do escudo, a balança de Miguel é outro símbolo profundo. Conhecida como a "Balança Divina", ela representa equilíbrio, justiça e ordem divina. A balança reflete o papel de Miguel como árbitro da justiça, uma força que busca equilíbrio e harmonia em todas as coisas. Trabalhar com a balança é alinhar-se com a justiça, buscar a verdade em todas as ações e pesar o coração e as intenções com cuidado. A balança é um lembrete de que cada pensamento, palavra e ação tem peso e que trilhar o caminho da verdade requer um profundo compromisso com a honestidade, não apenas com os outros, mas consigo mesmo.

Quando buscar equilíbrio na vida, visualize a balança de Miguel. Imagine colocar suas preocupações, desejos ou dilemas em um lado da balança e deixe a luz de Miguel trazer equilíbrio a eles. Essa prática ajuda você a ver as coisas de uma perspectiva mais elevada, equilibrando impulsos emocionais com sabedoria e clareza. À medida que você trabalha com este símbolo, você pode começar a notar uma mudança em sua abordagem à vida, uma consciência de como cada escolha contribui para o equilíbrio de seus mundos interior e exterior. A balança ensina paciência, responsabilidade e um compromisso de viver em harmonia com os mais elevados princípios de justiça e verdade.

A chama azul é outro símbolo sagrado ligado a Miguel, incorporando sua energia em uma forma pura e poderosa. A chama azul é um símbolo da transformação divina, um fogo que não consome, mas purifica. Ela representa a queima da negatividade, a transmutação de energias inferiores em frequências mais elevadas de amor e verdade. A chama azul de Miguel é frequentemente descrita como vibrante, intensa, uma chama que irradia uma frequência que se alinha com o chakra da garganta, o centro da comunicação e expressão. Trabalhar com esta chama convida a ajuda de Miguel para transformar o medo em coragem, a raiva em compaixão e a confusão em clareza.

Para invocar a chama azul, imagine-a cercando seu corpo, limpando e purificando seu campo de energia. Veja-a dissolvendo qualquer energia escura ou pesada, transformando-a em luz. Sinta o calor desta chama como uma presença reconfortante, um lembrete do apoio inabalável de Miguel. Esta visualização pode ser particularmente poderosa em tempos de conflito interno, medo ou quando confrontado com situações desafiadoras. A chama azul atua como purificador e protetor, uma força que abre caminho para que a verdade e o amor floresçam. É um símbolo da capacidade de Miguel de transmutar até mesmo as energias mais difíceis, um lembrete de que, em sua presença, todas as coisas podem ser transformadas para melhor.

Outro símbolo poderoso, porém menos conhecido, associado a Miguel é a auréola de luz. Esta auréola é frequentemente visualizada como uma coroa de luz azul ou dourada envolvendo a cabeça. Significa insight espiritual, sabedoria divina e a presença de orientação superior. A auréola representa a conexão de Miguel com o divino, seu papel como um canal para a sabedoria e vontade de Deus. Usar ou visualizar esta auréola convida a perspectivas mais elevadas, ajudando a ver além dos medos e limitações pessoais e a enxergar as verdades mais amplas da existência. É um símbolo de iluminação, clareza e uma mente sintonizada com a sabedoria divina.

Para trabalhar com a auréola de luz, feche os olhos e imagine um anel de luz azul ou dourada acima de sua cabeça. Sinta sua energia descendo, enchendo sua mente com clareza e alinhando você com a sabedoria superior. Essa prática pode ser útil em momentos de incerteza ou ao tomar decisões importantes, permitindo que a sabedoria de Miguel guie seus pensamentos e ações. A auréola traz uma sensação de paz e confiança, um lembrete de que você está conectado à orientação divina, que sua mente está em sintonia com a luz da compreensão superior.

Cada um desses símbolos — a espada, o escudo, a balança, a chama azul e a auréola — carrega uma vibração e um propósito distintos, mas eles são unidos por sua conexão com a energia de Miguel. Trabalhar com eles é uma forma de devoção, uma maneira de se alinhar com as qualidades que Miguel representa. Esses símbolos atuam como chaves, desbloqueando diferentes aspectos de sua orientação e proteção. Eles podem ser usados individualmente ou em conjunto, dependendo de suas necessidades e intenções. Ao incorporar esses símbolos em sua prática espiritual, você cria um elo direto com a energia de Miguel, permitindo que sua presença se manifeste em sua vida de maneiras tangíveis.

Além da visualização, você pode optar por incorporar esses símbolos em objetos físicos, como joias, itens de altar ou sigilos escritos. Esculpir ou desenhar esses símbolos em velas, pedras ou mesmo em pequenos pedaços de papel pode transformar esses objetos em poderosos pontos focais para seus rituais e orações. Quando você meditar, segure esses objetos perto de você, sentindo sua conexão com Miguel, deixando-os servir como condutores para sua energia. Esses símbolos são ferramentas, maneiras de se conectar, ancorar e incorporar suas qualidades dentro de si mesmo.

A linguagem dos símbolos é a linguagem da alma, uma comunicação que transcende as palavras e atinge as partes mais profundas do nosso ser. Ao trabalhar com os símbolos de Miguel, você está aprendendo essa linguagem, criando um diálogo com sua energia que fala com você através de impressões, sentimentos e insights. Os símbolos ensinam sem falar, guiando você a incorporar a força, sabedoria e proteção de Miguel em sua vida diária.

À medida que você se familiariza com esses símbolos, você pode descobrir que eles começam a aparecer em seus sonhos ou em momentos de intuição. Miguel frequentemente se comunica através de símbolos, usando-os como lembretes ou sinais de sua presença. Uma visão de uma espada, um escudo ou uma chama azul em um sonho pode ser sua maneira de assegurá-lo, de deixá-lo saber que ele está com você, guiando e protegendo você. Confie nesses sinais, pois eles são mensagens de um reino além da visão, um reino onde a presença de Miguel é constante e inabalável.

Ao compreender esses símbolos sagrados, você não está apenas aprendendo sobre Miguel, mas entrando em um relacionamento mais profundo com ele. Cada símbolo é um convite para incorporar as qualidades que ele representa, um chamado para integrar a energia de Miguel em sua vida de maneiras práticas e transformadoras. Através de sua espada, você encontra a coragem de enfrentar a verdade; através de seu escudo, a força para permanecer firme; através de sua balança, a sabedoria para buscar o equilíbrio; através de sua chama azul, a capacidade de transformar; e através de sua auréola, a clareza para perceber a sabedoria divina.

Esses símbolos são mais do que imagens; eles são vivas conexões com a essência de Miguel, pontes que trazem sua luz para o nosso mundo. Abrace-os, trabalhe com eles e deixe-os guiá-lo em seu caminho. Ao fazer isso, você convida Miguel a caminhar com você, a estar ao seu lado e a preencher sua vida com a força, proteção e orientação que sua presença concede.

Capítulo 6
Trabalhando com a Espada de Luz

A Espada de Luz, empunhada pelo Arcanjo Miguel, é um símbolo que transcende o reino físico. Não é meramente uma arma, mas uma ferramenta sagrada de verdade divina, clareza e empoderamento. Esta espada corta as ilusões e nos liberta das amarras do medo, da dúvida e da negatividade. Nas mãos de Miguel, a Espada de Luz se torna um farol que revela verdades ocultas e remove obstáculos que impedem o progresso espiritual. Trabalhar com este símbolo poderoso é convidar a assistência de Miguel para transformar sua vida, eliminar limitações e entrar plenamente em sua verdadeira força.

A Espada de Luz detém uma energia de pureza e coragem, um convite para abraçar a verdade sem concessões. Sua luz carrega uma frequência que dissolve quaisquer vibrações inferiores, quebrando as correntes de apegos tóxicos, padrões insalubres e traumas passados. Quando você se conecta com a espada de Miguel, está invocando uma força que pode não apenas proteger, mas transformar, uma força que limpa o caminho à frente, libertando você do que não serve mais ao seu eu superior. Empunhar esta espada é aceitar a orientação de Miguel, permitindo que sua energia o apoie enquanto você enfrenta desafios com confiança e integridade.

Antes de começar seu trabalho com a Espada de Luz, é importante criar um espaço sagrado, um lugar livre de distrações onde você possa se concentrar nesta conexão. Comece limpando seu ambiente, usando sálvia, incenso ou simplesmente visualizando uma luz radiante preenchendo o espaço. Esta preparação limpa as energias residuais, preparando o cenário para a poderosa presença da espada. O ato de limpar é em si um gesto simbólico, uma maneira de remover barreiras e se abrir para receber a energia da espada de Miguel.

Com seu espaço preparado, reserve um momento para se centrar através da meditação. Feche os olhos, respire fundo algumas vezes e sinta seu corpo relaxar. Visualize raízes se estendendo de seus pés para a terra, enraizando você, conectando você à estabilidade e força do mundo abaixo. Ao respirar, imagine um feixe de luz branca pura descendo de cima, envolvendo seu corpo e preenchendo você com paz. Esta luz é o começo de sua conexão com a Espada de Luz de Miguel, um símbolo de proteção e verdade divinas.

No olho da sua mente, comece a visualizar a própria espada. Veja-a como uma lâmina magnífica e radiante, brilhando com uma luz azul-branca brilhante. Sua borda é afiada, brilhando com uma intensidade que fala de verdade e justiça. Sinta a energia da espada se estendendo até você, convidando-o a usar sua força. Imagine segurar a espada em sua mão, sentindo seu peso, seu poder e sua presença inabalável. Este é o presente de Miguel para você, uma ferramenta que o capacita a liberar medos, dúvidas e quaisquer ilusões que o tenham impedido.

Ao manter essa visão da espada, considere quaisquer apegos ou medos que você deseja cortar. Talvez seja uma insegurança persistente, um relacionamento tóxico ou um evento passado que continua a influenciar seu presente. Visualize esses apegos como cordas que se estendem de seu corpo, conectando você a essas energias. Essas cordas podem aparecer como fios finos ou cordas grossas e emaranhadas, mas, independentemente de sua aparência, elas representam os laços que limitam sua liberdade e drenam sua energia. Eles são os obstáculos que o impedem de entrar plenamente em seu eu autêntico.

Levante a Espada de Luz em sua mente e imagine sua lâmina brilhante cortando cada corda com facilidade. A cada corte, sinta uma onda de libertação, uma leveza que preenche o espaço onde esses apegos existiam. Veja as cordas caírem, dissolvendo-se em pura luz, sua influência sobre você completamente erradicada. Repita essa visualização até que cada corda seja cortada, até que você se sinta completamente livre desses laços passados. Este ato não é meramente simbólico; é um ritual poderoso que convida a assistência de Miguel para libertá-lo de padrões que não lhe servem mais.

Ao trabalhar com a espada, você pode sentir sensações de calor ou formigamento, sinais de que a energia de Miguel está ativamente presente. Essas sensações são a energia da espada se movendo através de você, limpando energias estagnadas e alinhando você com frequências mais elevadas de coragem e clareza. Confie nesta experiência, sabendo que a Espada de Luz é uma ferramenta não apenas de liberação, mas de empoderamento. Ela permite que você recupere partes de si mesmo que podem ter sido perdidas para o medo ou a dúvida, reintegrando-as ao seu ser com um renovado senso de força.

A Espada de Luz também pode ser usada para proteger sua energia, criando uma fronteira contra a negatividade e influências prejudiciais. Para fazer isso, visualize a espada à sua frente, sua lâmina brilhando com uma luz protetora. Imagine desenhar um círculo ao seu redor com a espada, sua luz formando uma barreira que nada prejudicial pode penetrar. Este círculo se torna um escudo, um espaço sagrado onde você está seguro, protegido e intocado por qualquer negatividade externa. Em momentos de vulnerabilidade ou incerteza, esta visualização fornece um santuário, um lugar onde a proteção de Miguel o envolve e eleva.

Esta espada também pode ser invocada em momentos de conflito interno. Ao enfrentar escolhas difíceis ou navegar por emoções complexas, visualize a espada de Miguel revelando a verdade, cortando qualquer confusão ou decepção que obscureça sua mente. Veja a luz da espada iluminando seus pensamentos, afastando as sombras e trazendo clareza. Com a Espada de Luz, você obtém insights não apenas sobre suas próprias motivações, mas também sobre os padrões mais amplos em jogo, permitindo que você tome decisões a partir de um lugar de sabedoria e alinhamento com seu eu superior.

Para aqueles que buscam uma cura mais profunda, a espada também pode ser usada para liberar feridas emocionais e traumas que permanecem no coração e na mente. O trauma frequentemente nos prende ao passado, criando padrões de medo e hesitação que impedem o crescimento. A espada de Miguel tem o poder de cortar essas correntes emocionais, libertando você do domínio da dor passada. Segure a visão da espada sobre seu coração, permitindo que sua luz penetre profundamente nas camadas de mágoa, medo ou raiva. Ao fazer isso, respire fundo, liberando quaisquer emoções que surjam, deixando a espada limpá-las e transformá-las. Cada respiração se torna um ato de liberação, cada expiração uma entrega de velhas feridas, permitindo que a energia da espada cure e renove.

Outra maneira poderosa de incorporar a Espada de Luz em sua prática é através de intenções escritas ou afirmações. Escreva o que você deseja liberar ou transformar, como "Eu libero todos os medos que me impedem" ou "Eu corto a insegurança e abraço minha força interior". Segure esta intenção escrita em suas mãos, visualize a luz da espada brilhando sobre ela e imagine as palavras se dissolvendo em pura luz. Ao usar a espada dessa forma, você está reforçando seu compromisso de abandonar crenças limitantes e se abrir a novas possibilidades.

Depois de trabalhar com a Espada de Luz, reserve um momento para se enraizar, sentindo sua conexão com a terra e com o momento presente. Respire fundo, permitindo que qualquer energia residual se estabilize. Agradeça a Miguel por sua presença, pela força e clareza que sua espada trouxe para sua vida. Você pode optar por encerrar a sessão com uma oração ou um gesto de gratidão, reconhecendo o poder desta ferramenta sagrada e a orientação que ela fornece.

A Espada de Luz é uma ferramenta à qual você pode retornar sempre que se sentir sobrecarregado ou precisar de clareza. É um lembrete de que a proteção e a orientação de Miguel estão sempre disponíveis, que você nunca está sem os meios para se libertar do medo, da dúvida ou da negatividade. Trabalhar com esta espada é um ato de auto-empoderamento, uma declaração de que você está pronto para trilhar seu caminho com coragem e integridade. Cada vez que você segura a espada, reafirma seu compromisso com a verdade, com a liberdade interior e com a vivência do seu eu superior.

Com o tempo, à medida que você continua a trabalhar com a espada de Miguel, pode descobrir que ela se torna uma parte integrante de sua jornada espiritual. Sua presença não apenas o guiará, mas o transformará, ajudando-o a eliminar as camadas de limitação e descobrir a essência radiante interior. Ao empunhar a Espada de Luz, você não está meramente invocando o poder de Miguel, mas alinhando-se com a força e a clareza que residem em sua própria alma.

Em cada desafio, em cada momento de incerteza, lembre-se de que esta espada está lá – uma ferramenta luminosa, um protetor e um guia. Ela brilha como um lembrete da luz dentro de você, uma luz que é para sempre protegida, para sempre forte e para sempre guiada pelo amor e sabedoria do Arcanjo Miguel.

Capítulo 7
Ativando o Escudo de Proteção

O Escudo de Proteção associado ao Arcanjo Miguel é uma fronteira de luz poderosa e inquebrável que envolve e fortalece o espírito. Invocar o escudo de Miguel é abraçar uma profunda sensação de segurança, uma garantia de que sua energia, seus pensamentos e seu coração estão protegidos contra a negatividade. Este escudo não é apenas uma barreira; é um campo de energia divina, uma defesa sagrada tecida de luz e força. Trabalhar com o escudo de Miguel permite que você caminhe pela vida com confiança, livre das sombras do medo e da dúvida. Este escudo é um presente, uma forma de armadura espiritual que permanece com você, tão próxima quanto a batida do seu coração, tão resiliente quanto a sua própria vontade.

O Escudo de Proteção começa com a intenção. Ele é ativado não pela força, mas pela clareza de propósito e confiança na presença de Miguel. O primeiro passo para ativar este escudo é concentrar sua mente e coração na proteção. Defina a intenção de que você está seguro, que está cercado pela luz de Miguel e que nenhum dano pode penetrar neste espaço sagrado. Essa intenção age como a chave que destranca o escudo, transformando-o de um conceito abstrato em um campo tangível de energia que envolve e fortalece você.

Comece encontrando um espaço confortável e tranquilo onde você possa relaxar e se concentrar. Feche os olhos, respire fundo algumas vezes e permita que as preocupações do dia se dissipem. Imagine-se sentado dentro de um círculo de luz, um campo radiante que o separa do mundo exterior. Esta luz é o começo do escudo de Miguel, um brilho suave que preenche o espaço ao seu redor com paz e segurança. Deixe essa luz se tornar mais brilhante a cada respiração, intensificando-se à medida que você concentra sua atenção nela.

Visualize Miguel parado à sua frente, uma figura poderosa de proteção, seu escudo brilhando com uma luz azul luminosa. Este escudo não é um escudo comum; é uma ferramenta divina, uma energia viva que se adapta às suas necessidades. Veja Miguel estendendo este escudo em sua direção, sua intenção clara e inabalável: proteger, guardar, mantê-lo seguro. Neste momento, sinta a presença dele preenchendo o espaço, uma força tangível de compaixão e força que o envolve.

Enquanto continua a visualizar, veja Miguel colocando este escudo diretamente à sua frente, uma barreira que emana força e proteção. Imagine-o se expandindo ao seu redor, formando uma cúpula ou esfera de luz que o envolve completamente. Este escudo não é rígido; é fluido e adaptável, uma energia viva que se ajusta às necessidades do momento. Visualize-o cercando você, criando um espaço onde apenas luz e amor podem entrar. Este é o seu limite sagrado, uma armadura energética que protege contra qualquer intrusão de medo, negatividade ou intenção prejudicial.

Para aprofundar essa conexão, imagine-se tocando o escudo, sentindo sua energia com as mãos. A superfície do escudo pode parecer quente, pulsando com uma energia vibrante e calmante. Este toque afirma a presença do escudo, lembrando que ele é real, que existe tanto no reino visível quanto no invisível. Sinta a força deste escudo ressoando por todo o seu ser, um lembrete de que você está protegido, apoiado e alinhado com a energia de Miguel.

Para ativar o escudo totalmente, concentre-se em seu coração. A proteção de Miguel é mais forte quando se alinha com a pureza da intenção do coração. Respire fundo, deixando a respiração fluir para dentro e para fora do centro do seu coração. A cada respiração, imagine o escudo ficando mais forte, sua luz se intensificando, seu poder se solidificando. Neste momento, afirme que este escudo é uma parte permanente do seu campo de energia, que não é apenas uma defesa temporária, mas uma presença constante que permanece com você. Você pode dizer silenciosamente ou em voz alta: "Arcanjo Miguel, eu invoco seu escudo de proteção. Cerque-me em sua luz, proteja-me de todo mal e mantenha meu coração seguro e forte."

Neste ponto, você pode notar sensações dentro do seu corpo — calor no peito, formigamento nas mãos ou uma leve pressão ao seu redor. Esses sentimentos são sinais de que o escudo de Miguel está totalmente ativado, que sua energia está se fundindo com a sua. Permita-se relaxar nessa sensação, confiando na força do escudo e no compromisso de Miguel com sua segurança. Este é um tempo de pura receptividade, um momento para deixar de lado os medos e abraçar a segurança da proteção divina.

O escudo de Miguel é especialmente poderoso em situações em que você se sente vulnerável, seja emocional, mental ou fisicamente. Quando você enfrenta ambientes ou interações que parecem desafiadoras ou desgastantes, lembre-se de que este escudo está com você. Visualize-o ao seu redor, uma presença constante e protetora que mantém as energias negativas afastadas. Você pode optar por visualizar o escudo em várias formas, adaptando-o às circunstâncias: um círculo de luz, uma bolha ou até mesmo uma capa que o envolve. O escudo de Miguel é versátil, e seu poder reside em sua capacidade de atender às suas necessidades únicas.

Além de proteger contra a negatividade externa, o escudo de Miguel pode ajudá-lo a navegar pela turbulência interior. Nossos próprios pensamentos e emoções podem, às vezes, criar obstáculos, enchendo nossas mentes de insegurança ou ansiedade. Quando isso acontecer, imagine o escudo de Miguel ao redor de sua mente, criando um espaço onde apenas a verdade e a positividade podem residir. Deixe o escudo agir como um filtro, permitindo que apenas pensamentos e sentimentos fortalecedores entrem. Essa prática pode ser particularmente útil em momentos de autorreflexão ou meditação, criando um espaço mental sagrado que é livre de distrações e autocrítica.

Para ancorar o escudo de Miguel em sua vida diária, considere usar símbolos físicos como lembretes. Usar um pingente ou carregar uma pequena pedra, como obsidiana ou turmalina negra, pode reforçar a sensação de proteção. Essas pedras possuem energias de ancoragem e proteção, amplificando a presença do escudo ao longo do dia. Cada vez que você tocar neste objeto, deixe-o lembrá-lo do escudo de Miguel, da luz e proteção que o rodeia.

Outra maneira poderosa de trabalhar com o escudo de Miguel é visualizá-lo cercando não apenas a si mesmo, mas também seus entes queridos, sua casa e qualquer espaço que pareça precisar de proteção. Ao visualizar, veja o escudo se expandindo, cobrindo aqueles com quem você se importa, formando uma cúpula protetora sobre eles. Imagine-o brilhando com a luz azul de Miguel, uma força guardiã que repele a negatividade e o perigo. Este escudo expandido age como um campo de energia que estende a proteção de Miguel para aqueles que você ama, uma oração silenciosa por sua segurança e bem-estar.

O escudo de Miguel também pode ser invocado durante o sono, um momento vulnerável em que nossas defesas estão baixas. Antes de ir para a cama, reserve alguns momentos para ativar o escudo ao seu redor, imaginando-o como um casulo de luz que envolve seu corpo. Essa prática cria uma barreira contra influências negativas que podem tentar entrar em seu campo de energia durante a noite. Visualize o escudo ficando mais forte enquanto você dorme, reforçando sua energia e garantindo um descanso tranquilo e restaurador. Se você tiver sonhos que pareçam perturbadores, visualize o escudo de Miguel cercando você, transformando quaisquer imagens sombrias em luz, transformando o espaço do sonho em um lugar de paz.

Para aqueles que trabalham em ambientes cheios de estresse ou tensão, o escudo de Miguel pode servir como uma valiosa ferramenta diária. Ao entrar em tais espaços, reserve um momento para visualizar o escudo ao seu redor, uma camada protetora que impede que a negatividade externa entre em seu campo de energia. Imagine-o filtrando a energia ao seu redor, permitindo que apenas vibrações positivas cheguem até você. Essa prática pode ser particularmente fortalecedora para aqueles em profissões de cuidado ou de alto estresse, fornecendo um amortecedor que o mantém ancorado e centrado.

Através da prática contínua, o escudo de Miguel se torna uma parte natural de sua vida. Quanto mais você trabalha com ele, mais forte sua presença se torna, até que pareça que este escudo está sempre com você, entrelaçado em seu campo de energia. A fronteira que ele cria é tanto protetora quanto fortalecedora, permitindo que você se envolva plenamente com o mundo enquanto permanece seguro e protegido. Este escudo não é meramente uma defesa; é um lembrete constante da proteção de Miguel, um símbolo de que você nunca está sozinho, que você está sempre sob a guarda de forças divinas.

Quando você encontrar desafios, lembre-se de que o escudo de Miguel está lá. Em momentos de medo ou incerteza, visualize este escudo ao seu redor, sinta sua força e saiba que você está protegido. O escudo não apenas o protege; ele o capacita a enfrentar a vida com confiança, a caminhar em frente com o conhecimento de que você está seguro, resiliente e apoiado. Cada vez que você ativa o escudo, você reafirma essa proteção, ancorando a energia de Miguel em seu coração, mente e espírito.

O escudo de Miguel é mais do que uma fronteira contra o mal; é um espaço sagrado que lhe permite explorar sua própria verdade, viver plenamente e sem medo. Dentro deste escudo, você encontra a liberdade de ser você mesmo, de perseguir seus sonhos e de se envolver com a vida a partir de um lugar de segurança e paz. É um convite para trilhar seu caminho sem hesitação, para viver com coragem, sabendo que você está sempre protegido pela luz do Arcanjo Miguel.

Ao abraçar este escudo, você convida a força de Miguel a se fundir com a sua. A fronteira que ele cria também é um portal, permitindo que sua proteção entre em sua vida de forma plena, profunda e permanente. A cada uso, você aprofunda sua conexão com a energia dele, permitindo que sua luz o guie e proteja em todas as provações da vida. O escudo se torna parte de sua armadura espiritual, um lembrete da força que reside em você e do apoio divino que o rodeia.

Enquanto você caminha em frente, carregue este escudo com você. Confie em seu poder, sinta sua presença e saiba que, com Miguel ao seu lado, você está seguro, completo e livre. Este escudo é seu santuário, sua força, um presente de proteção divina que sempre iluminará seu caminho.

Capítulo 8
Equilibrando com a Balança Divina

A Balança Divina do Arcanjo Miguel é um símbolo de equilíbrio, justiça e alinhamento com a verdade suprema. Na jornada espiritual, o equilíbrio é a base sobre a qual a sabedoria e a clareza repousam. A Balança Divina é um lembrete de que a verdadeira força não é encontrada nos extremos, mas na harmonia dos opostos — a fusão de poder e paz, coragem e compaixão, verdade e compreensão. Trabalhar com a balança de Miguel convida a um processo de introspecção e alinhamento, uma maneira de medir e ajustar as próprias energias, intenções e ações a um estado de equilíbrio que ressoa com o propósito mais elevado da alma.

A balança de Miguel não é simplesmente uma ferramenta de julgamento; é um espelho, refletindo o verdadeiro estado da vida interior e exterior de alguém. Através desta balança, somos convidados a examinar não apenas as escolhas que fazemos, mas também as motivações que as guiam, pesando nossas intenções com honestidade e clareza. Esta prática de equilíbrio exige um compromisso com a verdade, uma disposição para ver as coisas como elas são, sem ilusão. Ao nos alinharmos com a balança de Miguel, recebemos a coragem de confrontar nossos desequilíbrios internos e a sabedoria para fazer escolhas que nos aproximem da harmonia com nosso verdadeiro eu.

Para começar a trabalhar com a Balança Divina, crie um espaço de quietude e reflexão. Sente-se em uma posição confortável, feche os olhos e concentre-se na sua respiração. Imagine-se em um espaço vasto e aberto — um espaço sagrado além do tempo e do lugar. Neste cenário, visualize Miguel parado à sua frente, uma figura de força e serenidade, segurando uma balança dourada que brilha com uma luz suave e sobrenatural. Esta balança está equilibrada, cada lado perfeitamente alinhado, um reflexo da ordem divina. Sua presença evoca uma sensação de paz, um lembrete de que no equilíbrio, há harmonia, e na harmonia, há verdade.

Ao observar a balança, sinta sua energia se estendendo em sua direção, convidando-o a colocar sobre ela qualquer coisa que pareça desalinhada. Pense em áreas da sua vida onde possa existir desequilíbrio. Talvez você esteja se sobrecarregando, negligenciando o descanso ou os limites pessoais. Ou talvez um peso emocional, como raiva ou arrependimento, tenha inclinado sua balança interna, afastando-o da paz. Com cada um desses pensamentos, visualize-os como objetos ou símbolos e coloque-os suavemente em um lado da balança em sua mente. Ao fazer isso, sinta uma liberação, uma disposição para confrontar esses desequilíbrios abertamente, sem julgamento.

Com cada item que você coloca na balança, reserve um momento para respirar profundamente, permitindo que qualquer resistência se dissolva. A

Balança Divina não está aqui para punir ou julgar; está aqui para revelar, para iluminar o caminho para o equilíbrio. Conforme a balança se move, observe-a responder, ajustando-se ao peso de cada energia, cada pensamento, cada intenção. Sinta a presença de Miguel ao seu lado, sua força e sabedoria envolvendo você, fornecendo a coragem para confrontar quaisquer verdades que possam surgir. Ele está com você, um guia firme e compassivo, ajudando você a ver sua vida com clareza.

Depois de colocar esses pesos na balança, volte sua atenção para o outro lado — o lado do equilíbrio, harmonia e paz. Aqui, visualize qualidades que você deseja trazer para sua vida para restaurar o equilíbrio. Talvez seja paciência, perdão, autocompaixão ou a coragem de estabelecer limites mais saudáveis. Imagine essas qualidades como símbolos radiantes de luz e coloque-os no outro lado da balança, um por um. Com cada adição, sinta uma leveza, uma sensação de alinhamento que aproxima a balança do equilíbrio. Este não é um equilíbrio forçado; é um alinhamento natural que honra tanto suas necessidades quanto seus valores.

Conforme você continua, observe como cada colocação na balança afeta sua energia. Talvez você sinta uma mudança sutil em seu interior — uma liberação de tensão, um surgimento de clareza. A Balança Divina reflete não apenas o estado de sua vida exterior, mas o alinhamento de seu mundo interior. À medida que você equilibra essas qualidades, você pode experimentar uma profunda sensação de harmonia, como se a balança não fosse simplesmente uma ferramenta externa, mas um espelho de sua alma. Com Miguel ao seu lado, sinta a força para deixar de lado quaisquer apegos, medos ou crenças que não sirvam mais à sua jornada.

O processo de equilíbrio com a Balança Divina não é um ato único; é uma prática, um convite diário para examinar os elementos internos e externos de sua vida com honestidade e compaixão. Você pode querer revisitar este exercício periodicamente, especialmente em tempos de mudança ou desafio, para recalibrar e garantir que seu caminho permaneça fiel às suas intenções mais elevadas. Cada vez que você retorna, a balança se torna mais fácil de trabalhar, como se ela se lembrasse de suas energias, compreendendo as nuances de sua jornada e se alinhando com seu progresso.

A Balança Divina de Miguel também pode ser usada como um guia para tomar decisões. Quando confrontado com uma escolha, seja grande ou pequena, visualize a balança em sua mente e coloque as opções em cada lado. Observe como cada opção afeta o equilíbrio. Um lado parece mais pesado, sobrecarregado por dúvidas ou medo? O outro parece mais leve, alinhado com sua verdade e valores? Ao trabalhar com a balança desta forma, você permite que sua sabedoria interior fale, guiada pela energia de Miguel em direção a escolhas que se alinham com equilíbrio e integridade. Esta prática cultiva o discernimento, ajudando você a reconhecer as escolhas que apoiam seu crescimento e bem-estar.

A Balança Divina também convida à reflexão sobre o equilíbrio entre dar e receber. A vida é uma troca de energia, um fluxo que deve permanecer equilibrado para sustentar a harmonia. Se você se encontra constantemente dando, carregando os fardos dos outros sem reabastecer sua própria energia, a balança refletirá esse desequilíbrio. Da mesma forma, se você está em um período de recebimento, mas não compartilha sua luz com os outros, a balança o encoraja a encontrar maneiras de retribuir, de contribuir para a harmonia ao seu redor. Ao honrar esse equilíbrio, você entra em um ritmo que flui naturalmente, onde você é nutrido e também nutre, um estado de verdadeiro equilíbrio.

Através da Balança Divina, Miguel também encoraja o equilíbrio entre ação e reflexão. Em nosso mundo, muitas vezes há pressão para agir constantemente, estar em movimento, realizar e conquistar. No entanto, a alma requer momentos de quietude, tempos de reflexão para integrar experiências e extrair sabedoria delas. Se sua vida parece inclinada para a atividade constante, use a balança para trazer momentos de silêncio, momentos em que você simplesmente ouve, descansa e permite que os insights surjam naturalmente. Este equilíbrio entre fazer e ser cria um ritmo harmonioso, uma vida que honra tanto as necessidades físicas quanto as espirituais.

Trabalhar com a Balança Divina também pode revelar desequilíbrios em padrões de pensamento e crenças. Às vezes, carregamos crenças que nos pesam, ideias herdadas sobre sucesso, valor ou felicidade que não se alinham verdadeiramente com o caminho de nossa alma. Ao colocar essas crenças na balança, podemos ver seu impacto, sentir seu peso e decidir se vale a pena mantê-las. A balança de Miguel convida você a substituir essas crenças pesadas por aquelas que o elevam, ideias afirmativas que ressoam com seu eu superior. Este processo o liberta de velhos padrões, permitindo que você viva com uma leveza e autenticidade que refletem seus valores mais verdadeiros.

Outro aspecto do equilíbrio que a Balança Divina ilumina é a harmonia entre o autocuidado e o serviço aos outros. O caminho de Miguel é de devoção e proteção, mas ele ensina que o verdadeiro serviço requer um equilíbrio entre dar a si mesmo e aos outros. Quando sua energia está esgotada, a balança mostrará o desequilíbrio, um lembrete de que nutrir a si mesmo é essencial para oferecer verdadeiro apoio àqueles ao seu redor. Ao cultivar esse equilíbrio, você honra tanto suas necessidades pessoais quanto seu compromisso com os outros, criando uma vida de serviço sustentável enraizada no amor e no respeito.

Ao final de seu trabalho com a Balança Divina, reserve um momento para observar como você se sente. Observe quaisquer mudanças em seu corpo, mente ou emoções. Muitas vezes, essa prática traz uma sensação de paz, uma leveza que reflete o alinhamento de suas energias. Ofereça gratidão a Miguel, reconhecendo sua presença e orientação, pois ele não está como uma figura distante, mas como um aliado que caminha ao seu lado, ajudando você a encontrar seu caminho para o equilíbrio e a verdade.

À medida que você avança, leve consigo as lições da Balança Divina. Permita que ela se torne parte de sua vida diária, um guia silencioso que o ajuda a pesar cada decisão, cada ação e cada pensamento. Este equilíbrio não é rígido; é uma harmonia viva e dinâmica que se adapta e flui com você. Ele permite que você se envolva plenamente com a vida, fundamentado em uma sensação de paz interior e alinhamento.

Através da Balança Divina, você aprende a trilhar o caminho com graça, nem se inclinando demais em qualquer direção nem sendo retido por extremos. A balança de Miguel se torna uma ferramenta não apenas de equilíbrio, mas de libertação, libertando-o das atrações do mundo externo, fundamentando-o na clareza da verdade de sua alma. Este equilíbrio é sua força, seu santuário, um lugar de estabilidade inabalável onde você pode permanecer com Miguel, alinhado com a vontade divina, alinhado com seu eu superior.

Cada vez que você trabalha com a Balança Divina, você aprofunda sua conexão com a energia de Miguel, permitindo que sua presença o guie pelas complexidades da vida com sabedoria e graça. Esta prática de equilíbrio torna-se uma fonte de força, uma base sobre a qual você constrói uma vida de autenticidade, coragem e paz. Com a balança de Miguel, você se lembra de que o verdadeiro equilíbrio não é uma ausência de movimento, mas uma harmonia de forças, um estado onde a alma pode respirar livremente, fundamentada no amor, alinhada com a verdade, caminhando com a luz de Miguel sempre ao seu lado.

Capítulo 9
Transmutando com a Chama Azul

A Chama Azul do Arcanjo Miguel é um dos símbolos mais poderosos de transformação espiritual. É uma chama que não queima, mas purifica, uma força que transmuta a escuridão em luz e o medo em coragem. Trabalhar com a Chama Azul é um convite para liberar, limpar e renovar, eliminando camadas de negatividade e permitindo que a verdadeira essência da alma brilhe. Esta chama é o presente de transmutação de Miguel, um processo que não apenas purifica, mas eleva, transformando dor em sabedoria, raiva em compaixão e dúvida em fé. Abraçar a Chama Azul é abraçar a transformação no nível mais profundo, convidando uma energia divina que flui do coração do próprio Miguel.

A Chama Azul, como é frequentemente visualizada, brilha com um tom intenso de safira ou cobalto, uma cor que irradia uma vibração de força e paz. Esta chama não é meramente um símbolo; é uma energia viva que se conecta diretamente ao poder de Miguel, unindo os reinos físico e espiritual para iniciar mudanças profundas no interior. Quando invocada, a Chama Azul se torna uma força de alquimia divina, queimando as impurezas dentro de nossos corações, mentes e campos de energia, deixando apenas verdade e clareza em seu rastro. É um fogo sagrado que limpa não pela destruição, mas pela transformação, permitindo que a alma emerja renovada e fortalecida.

Para começar a trabalhar com a Chama Azul, encontre um espaço tranquilo onde você possa sentar-se em paz e quietude. Feche os olhos, respire fundo algumas vezes e concentre-se. Ao inspirar, imagine atrair a energia de Miguel, preenchendo seu corpo com uma luz suave, porém poderosa. Expire quaisquer tensões ou preocupações, liberando-as para a terra. Continue essa respiração, permitindo que ela o leve a um estado profundo de relaxamento, um lugar onde você está aberto e receptivo à energia da Chama Azul.

Em sua mente, visualize uma chama começando a se formar à sua frente. Veja-a tremeluzindo suavemente, brilhando com uma luz azul intensa que se torna mais brilhante a cada respiração. Esta é a Chama Azul do Arcanjo Miguel, uma chama que contém em si o poder de transformar e elevar. Sinta seu calor, um calor que é reconfortante em vez de opressor, e deixe-o atraí-lo. Imagine essa chama se expandindo, preenchendo o espaço ao seu redor, envolvendo você com um brilho radiante e protetor. Este é o espaço onde a transmutação começa, onde você está livre para liberar qualquer coisa que não sirva mais à sua jornada.

Com a Chama Azul à sua frente, pense em quaisquer emoções, pensamentos ou energias que você deseja transformar. Talvez haja um medo persistente que o impede, uma mágoa passada que pesa em seu coração ou um padrão de dúvida que obscurece sua mente. Visualize essas energias como formas ou símbolos escuros e pesados, coisas que carregam o peso da energia antiga. Um por um, coloque cada um desses símbolos na Chama Azul, observando como a chama os envolve, sua luz dissolvendo a escuridão. Conforme essas formas entram na chama, veja-as se transformarem em luz, tornando-se leves, puras e claras.

Ao liberar essas energias, observe quaisquer sensações em seu corpo. Você pode sentir uma leveza, um calor ou uma sensação de formigamento à medida que a Chama Azul limpa a energia estagnada. Este é o poder da transmutação, um processo que não apenas remove, mas transforma, permitindo que o que antes era uma fonte de peso se torne uma fonte de força. A Chama Azul de Miguel trabalha profundamente, alcançando os cantos ocultos do seu ser, iluminando sombras e trazendo-as à luz. Confie neste processo, sabendo que a chama é guiada pela sabedoria e amor de Miguel, trabalhando em harmonia com o bem maior da sua alma.

A Chama Azul também pode ser usada como uma ferramenta para curar feridas do passado. Trauma e dor podem deixar marcas em nossos campos de energia, permanecendo como sombras que influenciam nossos pensamentos, emoções e ações. Para liberar essas marcas, traga à mente qualquer evento ou memória passada que pareça não resolvida, algo que ainda carrega uma carga emocional. Mantenha essa memória em sua mente e visualize-a como uma forma ou cor. Coloque-a na Chama Azul, observando como a chama a envolve, transformando-a da escuridão para a luz. Conforme a memória se dissolve, sinta uma sensação de liberação, uma liberdade do domínio do passado, enquanto a chama de Miguel purifica e cura essa parte de sua história.

Ao trabalhar com a Chama Azul, é importante definir uma intenção. A intenção pode ser tão simples quanto: "Eu libero tudo o que não serve mais ao meu bem maior" ou "Eu me abro para a cura e transformação". Essa intenção age como um guia, direcionando a energia da chama para o resultado desejado, permitindo que o poder de Miguel trabalhe com clareza e propósito. Cada vez que você define uma intenção, você se alinha com a energia da chama, criando um espaço onde a transformação pode acontecer livremente e naturalmente.

Para aprofundar sua conexão com a Chama Azul, visualize-a entrando em seu corpo, preenchendo você de dentro para fora. Imagine a chama no centro do seu ser, expandindo-se a cada respiração, sua luz iluminando cada parte de você. Veja-a movendo-se através do seu coração, dissolvendo qualquer dor antiga, abrindo você para o amor e a compaixão. Sinta-a movendo-se através de sua mente, limpando dúvidas, medos e crenças limitantes, criando espaço para clareza e paz. Deixe a chama fluir por cada célula, purificando e energizando você, alinhando você com a força e resiliência de Miguel.

A Chama Azul também é uma ferramenta poderosa para limpar seus arredores. Assim como limpa seu campo de energia, também pode purificar espaços, removendo energias estagnadas ou negativas de sua casa ou local de trabalho. Para fazer isso, imagine a Chama

Azul se expandindo para fora, preenchendo a sala, movendo-se para todos os cantos e espaços sombreados. Visualize-a limpando qualquer energia remanescente que não se alinhe com amor e luz, deixando o espaço com uma sensação fresca, vibrante e pacífica. Este processo cria um ambiente que apoia seu bem-estar, um santuário onde a energia de Miguel pode ser sentida e apreciada.

Em momentos de estresse ou turbulência emocional, invoque a Chama Azul para trazer paz e equilíbrio. Imagine-a envolvendo você como um manto, sua luz absorvendo qualquer ansiedade, raiva ou frustração. Sinta a chama trabalhando gentilmente, mas poderosamente, transmutando essas emoções em calma e resiliência. Essa visualização pode ser feita a qualquer momento, mesmo em meio a situações difíceis, para ajudá-lo a permanecer centrado e alinhado com a proteção de Miguel.

Com o tempo, trabalhar com a Chama Azul se torna uma prática de renovação. Cada vez que você retorna a ela, você aprofunda sua conexão com a energia transformadora de Miguel, permitindo que ela o molde e fortaleça. O poder da chama não se limita aos momentos de liberação; também pode ser uma fonte de inspiração e criatividade. Quando você se sentir bloqueado ou estagnado, imagine a Chama Azul dentro de você, uma centelha de energia divina que acende sua paixão e criatividade, ajudando você a seguir em frente com confiança e propósito.

Além da visualização, você pode achar útil incorporar símbolos físicos da Chama Azul em seu espaço. Uma vela azul, uma pedra de safira ou até mesmo um simples pedaço de tecido azul podem servir como lembretes dessa energia. Quando você acender a vela ou segurar a pedra, deixe-a reconectá-lo com a Chama Azul, permitindo que você sinta sua presença de forma tangível. Esses objetos se tornam pontos focais, ancorando a energia da transmutação em sua vida diária, um elo físico com o poder transformador de Miguel.

A Chama Azul também serve como um lembrete de sua própria luz interior, um símbolo da força e pureza que reside em cada alma. Conforme você trabalha com esta chama, você desperta partes de si mesmo que podem ter sido escondidas ou esquecidas, qualidades de coragem, amor e sabedoria que são tanto uma parte de você quanto da essência de Miguel. Este processo de despertar é o verdadeiro propósito da transmutação — não meramente liberar, mas descobrir o potencial máximo da alma, permitindo que ela brilhe com sua própria luz radiante.

Ao final de cada sessão com a Chama Azul, reserve um momento para oferecer gratidão ao Arcanjo Miguel. Agradeça a ele por sua presença, pelo dom da transformação e pela coragem de abraçar a mudança. Encerre a sessão visualizando a chama diminuindo suavemente, deixando para trás uma profunda sensação de paz e clareza. Saiba que o trabalho da chama continua mesmo após a visualização, que sua energia permanece dentro de você, apoiando seu crescimento e cura.

Ao seguir sua vida diária, lembre-se de que a Chama Azul está sempre com você. Em momentos de desafio ou dúvida, visualize-a brilhando dentro de seu coração, uma fonte constante de força e renovação. Esta chama não está separada de você; é uma parte do seu espírito, um lembrete da resiliência e pureza que definem seu verdadeiro eu. Cada vez que você trabalha com ela, você se alinha mais profundamente com a energia de Miguel, convidando sua sabedoria e força para guiá-lo em seu caminho.

Através da Chama Azul, você se torna um receptáculo para a transformação, carregando dentro de si o poder de transmutar a negatividade em luz, de transformar o medo em coragem, de seguir em frente com clareza e graça. Esta chama é sua aliada, seu guia, um presente de Miguel que o capacita a viver em alinhamento com seu eu superior. Com a Chama Azul ao seu lado, você trilha um caminho de luz, sempre apoiado, sempre transformado e sempre conectado à força e ao amor do Arcanjo Miguel.

Capítulo 10
Integrando os Atributos de Miguel

Integrar os atributos espirituais do Arcanjo Miguel é um caminho de transformação, uma jornada que envolve incorporar as qualidades que ele representa — coragem, justiça, proteção, verdade e fé inabalável. A presença de Miguel é de ação e compromisso, uma força que inspira força naqueles que buscam sua orientação. Integrar esses atributos significa trazer sua energia divina para o centro do seu ser, permitindo que suas qualidades moldem seus pensamentos, ações e interações. Ao fazer isso, você se torna não apenas um recipiente de sua proteção, mas um reflexo de sua luz no mundo, um canal através do qual suas virtudes podem florescer.

Essa integração é uma prática, um compromisso diário para cultivar e incorporar as qualidades que Miguel exemplifica. Requer tanto intenção quanto autoconsciência, uma disposição para observar seu estado interior e fazer escolhas conscientes que se alinhem com sua energia. Cada um dos atributos de Miguel representa uma faceta do potencial mais elevado da alma e, ao nutrir essas qualidades dentro de si mesmo, você aprofunda sua conexão com sua presença. Este caminho não é de imitação, mas de ressonância, um alinhamento da essência da sua alma com as virtudes divinas que Miguel traz.

Para começar a integrar os atributos de Miguel, comece com a coragem, a base de sua energia. Coragem é mais do que ausência de medo; é a força para seguir em frente mesmo quando o medo surge, uma disposição para abraçar a verdade, independentemente do desconforto que ela possa trazer. Em momentos de dúvida ou hesitação, invoque a coragem de Miguel. Feche os olhos, respire fundo e imagine a energia dele cercando você como um escudo de luz azul. Sinta a coragem dele se fundindo com a sua, enchendo-o com uma determinação calma que transcende o medo. A cada experiência que desafiar sua determinação, deixe essa coragem guiá-lo, um lembrete de que a verdadeira força não está em evitar a dificuldade, mas em enfrentá-la com o coração aberto.

A coragem de Miguel convida você a entrar plenamente em sua verdade. Viver em alinhamento com sua verdade requer honestidade consigo mesmo, uma disposição para reconhecer tanto os pontos fortes quanto os fracos, sem julgamento. Este atributo exige introspecção constante, um exame gentil, mas firme, do seu mundo interior. Ao enfrentar decisões difíceis ou momentos de incerteza, pare para se perguntar: "O que é verdade para mim neste momento?" Permita que a energia de Miguel o guie enquanto você busca sua própria resposta autêntica. A verdade nem sempre pode ser fácil, mas com a coragem de Miguel, você encontra a força para honrá-la.

A justiça é outro atributo vital da energia de Miguel, representando equidade, integridade e respeito por todos os seres. Em cada pensamento, palavra e ação, a justiça o chama a considerar o impacto de suas ações em si mesmo e nos outros. Este atributo se alinha com a ideia da ordem divina, a compreensão de que cada escolha contribui para a maior harmonia ou desarmonia no mundo. Para incorporar o senso de justiça de Miguel, pratique a atenção plena em suas interações. Ouça com atenção, fale com sinceridade e aja com gentileza. A justiça não busca punir, mas restaurar o equilíbrio, um equilíbrio que respeita o bem-estar de todos. Ao cultivar essa qualidade, você traz o senso de justiça de Miguel para sua vida, criando harmonia e respeito em tudo o que faz.

Quando confrontado com conflitos, invoque a justiça de Miguel para guiá-lo em direção à resolução. Imagine suas balanças de equilíbrio, pesando cada aspecto da situação. Reflita sobre as perspectivas dos outros envolvidos e busque uma solução que honre a verdade e a equidade. A justiça, nesse sentido, é um ato de amor, uma dedicação à harmonia e ao respeito. Requer paciência e compaixão, qualidades que elevam suas interações e alinham sua vida com os princípios da justiça divina. Ao incorporar esse atributo, você se torna uma fonte de equilíbrio, uma presença que irradia paz e compreensão.

A proteção é um dos atributos mais reconhecidos de Miguel, uma qualidade que ressoa profundamente com aqueles que buscam sua presença. Essa proteção não é apenas física, mas também emocional e espiritual, uma fronteira que protege contra influências negativas e energias prejudiciais. Para integrar essa qualidade, cultive limites que honrem seu bem-estar. Esses limites não são muros, mas espaços de respeito, uma forma de proteger sua energia enquanto permanece aberto e compassivo. A proteção de Miguel o encoraja a ser perspicaz, a saber quando dizer "não" e quando se distanciar de energias que perturbam sua paz.

Visualize o escudo de Miguel cercando você, um campo radiante de luz que protege sem isolar. Sinta sua energia reforçando seus limites, uma força que lhe permite interagir com os outros a partir de um lugar de confiança e clareza. Ao incorporar essa proteção, você cria um espaço seguro para si e para aqueles ao seu redor. Esse limite permite que você dê a partir de um lugar de inteireza em vez de esgotamento, uma proteção que nutre tanto a si mesmo quanto aqueles em sua presença. Ao manter esse espaço, você se torna um receptáculo da energia protetora de Miguel, uma fonte de segurança e estabilidade para os outros.

A fé é um pilar da presença de Miguel, uma qualidade que mantém a confiança inabalável no plano divino e a resiliência para seguir em frente, apesar da incerteza. A fé é a garantia interna de que, independentemente das circunstâncias, você é guiado e apoiado por um poder maior do que você. Este atributo permite que você entregue o controle, abandone o medo e a dúvida, e confie no processo da vida. Para cultivar a fé, pratique momentos de entrega. Em tempos de desafio ou dúvida, libere suas preocupações para Miguel, visualizando-as como fios de luz que ele leva para o divino. Sinta a energia dele levantando o peso do seu coração, lembrando-o de que você nunca está sozinho.

A fé o encoraja a trilhar seu caminho com confiança, confiando que cada passo faz parte de uma jornada maior. Mesmo quando os resultados não são claros, a fé permite que você avance com propósito e resiliência. Essa fé não é passiva; é uma confiança ativa, uma disposição para se envolver com a vida plenamente, sabendo que cada experiência tem significado. Ao incorporar essa qualidade, você se alinha com o fluxo da sabedoria divina, tornando-se um canal para a graça, força e propósito.

A compaixão é outro atributo poderoso da energia de Miguel, uma empatia que irradia de sua força e coragem. A compaixão de Miguel não é sentimental; é um amor feroz e inabalável que busca elevar e proteger. Para integrar essa qualidade, cultive a compaixão não apenas pelos outros, mas também por si mesmo. A compaixão começa com a autoaceitação, uma disposição para se ver com gentileza e paciência. Em tempos de autocrítica ou dúvida, invoque a compaixão de Miguel, permitindo que sua energia gentil encha seu coração. Imagine-o colocando a mão sobre seu coração, uma presença calorosa que dissolve o julgamento e o substitui por amor.

Conforme você nutre a compaixão interior, estenda essa qualidade para fora. Em suas interações, ouça com o coração aberto, procure entender em vez de julgar, e ofereça gentileza, mesmo em situações difíceis. Compaixão não significa aceitar comportamentos prejudiciais; significa ver a humanidade nos outros e responder com empatia e respeito. A compaixão de Miguel o guia para amar sem apego, para dar sem expectativa, criando conexões que são fundamentadas no respeito e na compreensão mútuos. Essa compaixão é uma fonte de cura, um bálsamo que acalma tanto o doador quanto o receptor.

Finalmente, integrar a sabedoria de Miguel é um processo de alinhar seus pensamentos e ações com a verdade superior. Sabedoria é mais do que conhecimento; é a aplicação da verdade de uma forma que eleva e capacita. A sabedoria de Miguel encoraja o discernimento, uma capacidade de ver além das aparências superficiais e entender os padrões mais profundos em jogo. Para cultivar essa sabedoria, pratique a introspecção, um hábito de olhar para dentro para buscar compreensão e discernimento. A sabedoria emerge da reflexão, de momentos de quietude onde você pode ouvir a voz suave da intuição guiando você.

Em momentos de incerteza, peça a orientação de Miguel e ouça com a mente aberta. Essa sabedoria geralmente vem como insights sutis, uma clareza silenciosa que parece verdadeira sem explicação. Confie nessas impressões, permitindo que elas informem suas ações e decisões. Ao integrar a sabedoria de Miguel, você aprende a navegar na vida com graça, avançando com um senso de propósito e compreensão. A sabedoria permite que você viva autenticamente, aja com integridade e alinhe sua vida com o bem maior.

O processo de integrar os atributos de Miguel é um caminho de crescimento espiritual, uma jornada que aprofunda sua conexão com sua presença a cada passo.

Cada atributo — coragem, justiça, proteção, fé, compaixão e sabedoria — oferece uma faceta única de sua energia, uma qualidade que eleva sua vida e o alinha com o propósito divino. Ao incorporar essas qualidades, você não apenas fortalece seu vínculo com Miguel, mas também se torna um farol de sua luz no mundo.

Essa integração não é um destino, mas uma prática, um compromisso diário de viver com intenção e consciência. Ao trilhar esse caminho, você pode descobrir que esses atributos emergem naturalmente, que se tornam uma segunda natureza, entrelaçados na estrutura do seu ser. Em momentos de dificuldade, lembre-se de que a presença de Miguel está sempre com você, uma fonte constante de apoio e força. Através de sua orientação, você tem o poder de viver com coragem, integridade e amor.

Ao incorporar os atributos de Miguel, você transforma não apenas sua própria vida, mas também a vida daqueles ao seu redor. Sua presença se torna uma fonte de paz, um reflexo das qualidades que Miguel representa. Você se torna um canal para sua luz, um receptáculo através do qual sua energia flui, trazendo esperança, proteção e amor a todos que cruzam seu caminho. Este é o presente da integração — uma vida alinhada com a verdade, um coração aberto ao amor, um espírito guiado pela luz do Arcanjo Miguel.

A cada dia, reafirme sua conexão com Miguel, convidando sua energia para se fundir com a sua. Deixe que sua coragem, justiça, proteção, fé, compaixão e sabedoria sejam seu guia, uma base sobre a qual você constrói uma vida de propósito e graça. Nesta integração, você encontra não apenas orientação, mas transformação, uma jornada que o aproxima cada vez mais da essência divina interior. Através dos atributos de Miguel, você caminha em frente com força, um reflexo de sua luz, um farol de seu amor, um testemunho de sua presença inabalável em sua vida.

Capítulo 11
Ritual de Iniciação Angélica

O Ritual de Iniciação Angélica com o Arcanjo Miguel é uma cerimônia sagrada e profunda, um rito que abre a alma para um relacionamento mais profundo e comprometido com o arcanjo. Esta iniciação marca o começo de uma jornada espiritual onde a orientação, proteção e sabedoria de Miguel se tornam uma parte integral de sua vida. Através deste ritual, você se dedica a um caminho de coragem, verdade e crescimento espiritual, alinhando suas intenções e energias com as do arcanjo. A iniciação é a travessia simbólica de um limiar, um compromisso de honrar as qualidades que Miguel incorpora e de caminhar em alinhamento com sua luz divina.

O ritual de iniciação é uma experiência transformadora, uma invocação do seu eu superior e um convite para que a presença de Miguel se entrelace em seu caminho espiritual. Preparar-se para esta cerimônia envolve purificar seu corpo, mente e espírito, criando um espaço de abertura e prontidão para receber a luz de Miguel. O ritual não marca apenas um novo capítulo em sua jornada; ele convida a um vínculo sagrado, uma parceria que o apoia enquanto você avança em um caminho de proteção, clareza e propósito divino.

Antes de começar, é importante abordar o ritual com um coração claro e uma mente focada. Passe algum tempo refletindo sobre suas intenções, perguntando a si mesmo por que deseja aprofundar sua conexão com Miguel. Você está buscando sua orientação para um propósito específico? Você deseja um senso mais forte de proteção ou deseja incorporar suas qualidades de coragem e justiça? Quaisquer que sejam suas razões, deixe-as ressoar profundamente dentro de você, permitindo que se estabeleçam em seu coração como intenções claras e sinceras. Essas intenções se tornam a base de sua iniciação, a âncora espiritual que alinha sua energia com a luz de Miguel.

A preparação para o ritual de iniciação começa com um período de purificação. Este é um momento para limpar não apenas seu corpo físico, mas também seu espaço emocional e mental. Considere tomar um banho ou ducha ritual, infundido com sais ou ervas, como lavanda, olíbano ou sálvia, que são conhecidos por suas propriedades purificadoras. Enquanto você se lava, imagine a água levando embora qualquer negatividade, dúvida ou medo, deixando você revigorado, renovado e pronto para receber a energia de Miguel. Permita-se estar presente neste momento de limpeza, sentindo gratidão por este processo de renovação.

Em seguida, prepare um espaço sagrado onde a iniciação ocorrerá. Este espaço deve estar livre de distrações, um lugar onde você se sinta seguro, tranquilo e concentrado. Coloque objetos que ressoem com a energia de Miguel dentro deste espaço, como uma vela azul ou branca, um pedaço de angelita ou lápis-lazúli, ou uma imagem do próprio Miguel. Esses itens servem como pontos focais, fundamentando o ritual no mundo físico e amplificando sua conexão com o arcanjo. Acenda a vela como um símbolo da presença de Miguel, sua chama uma representação da luz divina que você está prestes a acolher em seu coração.

Quando estiver pronto para começar, sente-se confortavelmente dentro deste espaço e feche os olhos. Respire fundo várias vezes, ancorando-se e centrando sua mente. Enquanto respira, sinta seu corpo relaxar, cada expiração liberando qualquer tensão ou pensamentos persistentes. Visualize raízes se estendendo de seus pés para a terra, ancorando você, conectando você à estabilidade e força da terra abaixo. Ao mesmo tempo, sinta uma luz suave e gentil descendo de cima, entrando pelo topo da sua cabeça, enchendo seu corpo de calor e paz.

Quando se sentir centrado, invoque Miguel, convidando sua presença para se juntar a você. Fale em voz alta ou em sua mente, dizendo: "Arcanjo Miguel, guardião da verdade e da luz, eu o invoco agora. Abro meu coração à sua orientação, sua proteção e sua sabedoria. Peço sua presença nesta sagrada iniciação, para que eu possa trilhar o caminho da coragem, da verdade e do propósito divino." Enquanto você fala, visualize Miguel de pé diante de você, sua figura radiante de luz, uma presença que preenche o espaço com paz e força.

Neste momento, permita-se sentir a energia dele – uma aura de proteção, compaixão e coragem inabalável.

A presença de Miguel é poderosa, mas gentil, uma força que tanto ancora quanto eleva. Imagine a mão dele se estendendo em sua direção, oferecendo-lhe a força para se manter totalmente em sua verdade, para deixar de lado o medo e para abraçar seu caminho com confiança. Sinta a luz dele ao seu redor, formando uma esfera de proteção, um escudo que guarda seu espírito enquanto você entra nesta nova fase de crescimento espiritual.

Para simbolizar seu compromisso, coloque a mão sobre o coração e diga sua intenção em voz alta. Por exemplo, você pode dizer: "Eu me dedico a um caminho de verdade, coragem e amor, com o Arcanjo Miguel como meu guia e protetor. Comprometo-me a incorporar sua luz em meus pensamentos, palavras e ações, a servir ao bem maior e a caminhar em alinhamento com a vontade divina." Sinta estas palavras ressoarem dentro de você, ancorando seu compromisso, cada sílaba uma promessa que une sua alma à energia de Miguel.

O próximo passo no ritual é receber a bênção de Miguel. Visualize-o colocando uma mão em sua cabeça ou coração, sua luz fluindo para você, enchendo-o de força e coragem. Esta bênção não é apenas um presente, mas uma transferência de energia, uma fusão da presença de Miguel com a sua. Sinta suas qualidades de proteção, justiça e clareza infundindo seu ser, uma força poderosa que o eleva, alinhando-o com seu eu superior. Conforme essa energia flui através de você, saiba que você está sendo preparado, fortalecido e capacitado para o caminho à frente.

Agora, imagine Miguel estendendo sua espada de luz em sua direção. Esta espada é um símbolo de verdade, pureza e proteção divina. Veja sua lâmina brilhando com uma chama azul vibrante, uma luz que corta todas as ilusões, medos e dúvidas. Miguel oferece esta espada a você, não como uma arma, mas como uma ferramenta de clareza e empoderamento. Em sua mente, estenda a mão para aceitar esta espada, sentindo sua energia se fundir com a sua. Com este ato, você está aceitando a orientação de Miguel, sua força e sua proteção, tornando sua luz uma parte permanente de sua jornada.

No próximo estágio, visualize uma chama azul dentro do seu coração, uma chama que representa a essência de Miguel agora residindo dentro de você. Esta chama é uma fonte de força, um lembrete constante de sua presença, uma luz que o guia através de qualquer escuridão. Enquanto você respira, sinta esta chama crescendo mais forte, enchendo todo o seu ser com seu brilho radiante. Esta luz agora é uma parte de você, uma fonte permanente de coragem, verdade e proteção que você carrega consigo onde quer que vá.

Para completar o ritual, reserve um momento de silêncio para integrar a energia de Miguel. Sente-se com este sentimento, permitindo que a luz se estabeleça, tornando-se uma com sua própria energia. Nesta quietude, saiba que agora você está conectado à presença de Miguel em um nível mais profundo, que sua orientação e proteção estão entrelaçadas na teia do seu espírito. Esta conexão é inquebrável, um vínculo que se fortalece a cada escolha que você faz em alinhamento com suas virtudes.

Quando se sentir pronto, ofereça gratidão a Miguel. Diga: "Obrigado, Arcanjo Miguel, por sua presença, por sua proteção e por esta sagrada iniciação. Que eu possa trilhar meu caminho com coragem, verdade e amor, guiado por sua luz e fortalecido por seu espírito." Ao dizer estas palavras, visualize Miguel sorrindo, sua energia envolvendo você em um abraço caloroso, sua luz um escudo que o protege enquanto você avança.

Finalmente, encerre o ritual visualizando o espaço sagrado desaparecendo suavemente, a luz ao seu redor diminuindo, deixando apenas a chama azul dentro do seu coração como um lembrete desta iniciação. Saiba que esta chama é uma conexão permanente, uma fonte de força e orientação que permanecerá com você por toda a sua vida. Ao abrir os olhos, sinta um senso renovado de propósito, um sentimento de paz e confiança que reflete o poder da presença de Miguel dentro de você.

Esta iniciação é mais do que um único momento; é um portal, um começo de um relacionamento mais profundo e vitalício com o Arcanjo Miguel. Cada vez que você o invoca, cada vez que você incorpora suas virtudes, você honra esta iniciação, fortalecendo o vínculo entre sua alma e a luz dele. Este ritual é uma base sobre a qual você pode construir, uma promessa sagrada que guia seus pensamentos, ações e intenções enquanto você trilha seu caminho espiritual.

Ao levar a energia de Miguel adiante, lembre-se de que você é um recipiente de sua luz, um reflexo de sua força e um testemunho de sua proteção. Este ritual de iniciação marca o início de um novo capítulo, uma jornada onde você nunca está sozinho, sempre guiado pela presença do Arcanjo Miguel, sempre alinhado com seu propósito divino.

Capítulo 12
Meditando com a Presença de Miguel

Meditar com a presença do Arcanjo Miguel é uma prática que atrai a sua energia para perto, permitindo que a sua orientação, proteção e sabedoria preencham a sua mente e o seu coração. Esta forma de meditação abre um espaço onde a luz de Miguel pode ser sentida de forma tangível, aprofundando a sua conexão espiritual com ele e convidando a uma paz profunda que irradia da sua essência. Através da meditação, você não está meramente a chamar por Miguel, mas a alinhar-se com a sua energia de uma forma que promove clareza, força interior e um senso de propósito fortificado.

A meditação é um caminho, uma ponte para reinos além do visível, e quando você se sintoniza com Miguel desta forma, cria um ponto de encontro sagrado onde a sua orientação pode alcançá-lo com clareza e facilidade. Esta prática convida a sua energia diretamente para o seu coração e mente, criando um espaço de comunhão onde as palavras não são necessárias e a presença fala mais alto do que o pensamento. Meditar com a presença de Miguel requer abertura e uma disposição interior para receber, para permitir que a sua luz o guie para lugares mais profundos dentro de si mesmo, iluminando verdades que de outra forma poderiam permanecer ocultas.

Para se preparar para a meditação com Miguel, escolha um espaço tranquilo onde possa relaxar sem interrupções. Este espaço deve ser confortável e pacífico, um lugar onde se sinta seguro e recetivo. Se desejar, acenda uma vela azul ou branca como símbolo da presença de Miguel, deixando a chama representar a sua luz divina que o guiará durante a meditação. Você também pode colocar um cristal associado a Miguel, como lápis-lazúli ou angelita, perto para ancorar a sua energia no reino físico.

Comece por sentar-se confortavelmente, com as pernas cruzadas no chão ou numa cadeira com os pés firmemente plantados no chão. Feche os olhos e respire fundo e calmamente algumas vezes, permitindo que cada expiração liberte qualquer tensão, stress ou pensamentos que possam estar a ocupar a sua mente. Enquanto respira, concentre-se em criar um ritmo, deixando cada respiração fluir para dentro e para fora naturalmente. Com cada respiração, sinta-se a relaxar mais profundamente, o seu corpo a ficar ancorado, a sua mente a aquietar-se em silêncio.

Assim que se sentir centrado, direcione a sua consciência para o centro do seu coração, o lugar onde irá convidar a energia de Miguel a habitar durante esta meditação. Visualize uma pequena luz brilhante no centro do seu peito, uma luz que pulsa suavemente com cada batimento cardíaco. Esta luz é a sua própria essência divina, um ponto de conexão com os reinos espirituais. Veja-a a ficar mais brilhante a cada respiração, expandindo-se para preencher o seu peito com calor e paz. Esta luz interior é a porta de entrada através da qual a energia de Miguel entrará, um espaço sagrado dentro de si que detém o potencial para uma transformação profunda.

Com o seu foco no seu coração, invoque Miguel, convidando a sua presença a juntar-se a si nesta meditação. Na sua mente ou em voz alta, diga: "Arcanjo Miguel, convido a tua presença para estar comigo neste momento. Rodeia-me com a tua luz, a tua paz e a tua orientação. Que eu possa sentir a tua presença profundamente e abrir-me totalmente à tua proteção e sabedoria." Ao dizer estas palavras, imagine o seu coração a abrir-se como uma flor, desdobrando-se pétala por pétala, criando um espaço de amor e recetividade para a energia de Miguel.

Comece a visualizar uma poderosa luz azul a descer de cima, um brilho vibrante de azul-safira que preenche o espaço ao seu redor. Esta luz é a essência da presença de Miguel, uma energia pura e protetora que traz paz a tudo o que toca. Veja esta luz azul a rodeá-lo, formando um casulo de proteção divina, um escudo que bloqueia todas as influências negativas e preenche o seu espaço com amor e serenidade. Permita-se sentir esta luz, sentindo o seu calor, a sua força e a sua energia constante e inabalável.

Agora, veja esta luz azul a entrar no centro do seu coração, fundindo-se com a luz que já lá está. À medida que estas duas luzes se combinam, sinta o seu coração a expandir-se, preenchendo-se com uma profunda sensação de paz e força. A presença de Miguel está agora dentro de si, uma parte da sua própria energia. Sinta a sua força e coragem a fluir para si, enraizando-o numa profunda sensação de segurança e proteção. Esta fusão de luz representa uma união, um aprofundamento da sua conexão com a essência de Miguel.

Enquanto continua a concentrar-se nesta luz, permita que a sua mente descanse em silêncio. Deixe de lado quaisquer pensamentos ou expectativas, entregando-se totalmente à experiência. Confie que a presença de Miguel o está a guiar, que a sua energia está a trabalhar dentro de si, mesmo que ainda não a consiga perceber conscientemente. Esta meditação é um tempo para a recetividade, um momento para simplesmente estar na sua presença, para permitir que a sua energia o cure, proteja e eleve.

Você pode começar a sentir mudanças sutis no seu interior — talvez um calor no peito, uma sensação de calma a espalhar-se pelo seu corpo, ou mesmo um formigueiro suave nas suas mãos. Estas sensações são sinais de que a energia de Miguel está a fluir para si, uma manifestação física da sua presença espiritual. Permita que estes sentimentos se aprofundem, deixando-os trazê-lo totalmente para o momento presente, um espaço onde apenas existem paz e clareza.

Se desejar receber orientação de Miguel, coloque uma pergunta ou intenção suavemente na sua mente, algo sobre o qual procura *insight*. Esta pergunta deve vir do coração, um inquérito sincero que reflete as suas verdadeiras necessidades ou desejos. Assim que tiver formulado a pergunta, liberte-a para a luz dentro do seu coração, entregando-a à sabedoria de Miguel. Confie que uma resposta virá da maneira e no momento certos, seja como um pensamento, uma impressão, um sentimento ou mesmo uma realização que surja mais tarde. A orientação de Miguel é sutil, mas profunda, e muitas vezes fala através da intuição e *insight*, em vez de palavras diretas.

Continue a descansar neste espaço de conexão, permitindo-se simplesmente estar com a presença de Miguel. Se surgirem pensamentos, deixe-os passar como nuvens num céu claro, trazendo gentilmente o seu foco de volta para a luz azul dentro do seu coração. Esta prática de retornar à luz fortalece a sua conexão, ensinando a sua mente a alinhar-se com a energia de Miguel, em vez de distrações ou preocupações. Com o tempo, este alinhamento torna-se mais fácil, um ritmo natural que o coloca em harmonia com a paz e proteção de Miguel.

Ao aproximar-se do fim da meditação, reserve alguns momentos para agradecer a Miguel pela sua presença. Agradeça-lhe pela orientação, proteção e força que partilhou consigo neste tempo sagrado. Sinta a sua luz a começar a assentar-se dentro do seu coração, um brilho quente que permanecerá consigo mesmo após o término da meditação. Esta luz é um presente, uma parte da energia de Miguel que você carrega, uma fonte de coragem e paz que vive dentro de si.

Antes de abrir os olhos, respire fundo algumas vezes, enraizando-se de volta ao mundo físico. Mexa os dedos das mãos e dos pés, sentindo a sensação no seu corpo, a solidez do chão sob si. Quando estiver pronto, abra suavemente os olhos, trazendo consigo a paz e a clareza da presença de Miguel para o seu dia.

Meditar com a presença de Miguel é uma prática à qual pode retornar sempre que procurar a sua orientação ou desejar aprofundar a sua conexão. Esta meditação permite-lhe integrar a sua energia na sua vida diária, um lembrete de que a sua proteção e sabedoria estão sempre ao seu alcance. Com cada sessão, você fortalece esta conexão, construindo um relacionamento com Miguel que apoia o seu crescimento, capacita o seu espírito e traz paz à sua mente. À medida que continua esta prática, você pode descobrir que a presença de Miguel começa a aparecer mais prontamente, tanto na meditação como em momentos da vida diária. A sua energia torna-se uma força familiar e reconfortante, uma garantia silenciosa que o rodeia em momentos de necessidade. Esta conexão não é apenas uma experiência momentânea, mas um vínculo, uma parceria que o apoia e guia no seu caminho.

Com cada meditação, você aprofunda o seu alinhamento com a essência de Miguel, convidando a sua coragem, proteção e sabedoria a tornarem-se uma parte integrante de quem você é. Este é o presente de meditar com a presença de Miguel — uma jornada de descoberta, cura e transformação, um caminho que o aproxima cada vez mais da luz divina dentro e ao seu redor, uma luz que ilumina para sempre o seu caminho com a força e o amor do Arcanjo Miguel.

Capítulo 13
Recebendo a Orientação Divina

Receber a orientação divina do Arcanjo Miguel é uma jornada de sintonização, uma prática de aprender a reconhecer e confiar nas formas sutis pelas quais a sabedoria dele chega até você. A orientação de Miguel é tanto protetora quanto fortalecedora, oferecendo clareza quando você enfrenta a incerteza e força quando encontra desafios. Receber sua orientação é abrir-se para uma perspectiva mais elevada, uma visão que transcende as limitações da vida cotidiana e se alinha com o verdadeiro caminho de sua alma.

A orientação divina nem sempre chega como uma palavra falada ou um sinal direto; na maioria das vezes, é um leve toque, um sentimento ou uma imagem que surge na mente. A orientação de Miguel é poderosa, porém sutil, alcançando você em momentos de quietude, em símbolos que ressoam profundamente ou através de um conhecimento interior que o guia para a verdade.

Para começar a receber a orientação de Miguel, primeiro cultive um espaço de abertura e receptividade dentro de si mesmo. A orientação flui mais claramente para uma mente tranquila e um coração aberto. Da mesma forma que a luz não pode entrar em uma sala fechada, as mensagens divinas lutam para penetrar em uma mente preocupada com inquietações e dúvidas. Comece com uma prática de quietude, um momento a cada dia onde você se senta em silêncio, permitindo que sua mente se acalme. Este espaço diário de silêncio se torna um terreno fértil onde a orientação de Miguel pode ser sentida e recebida sem interferência.

Crie um ritual simples para convidar a orientação dele para sua vida. Comece acendendo uma vela, talvez azul ou branca, pois essas cores ressoam com a energia de Miguel. Ao acender a vela, estabeleça uma intenção clara, como: "Arcanjo Miguel, eu me abro à sua orientação. Que eu possa receber sua sabedoria com clareza, confiança e um coração aberto." Visualize a luz dele cercando você, criando um espaço de paz e segurança. Essa intenção sinaliza sua prontidão, um chamado ao qual a presença de Miguel pode responder diretamente.

Em momentos em que você busca a orientação dele sobre assuntos específicos, aproxime-se de Miguel com sinceridade e simplicidade. Feche os olhos, concentre sua atenção e formule sua pergunta em sua mente ou diga-a em voz alta. Essa pergunta deve vir do coração, uma indagação genuína que convida à clareza e ao discernimento. Por exemplo, você pode perguntar: "Arcanjo Miguel, que passos devo dar para me alinhar com meu caminho mais elevado?" ou "Como posso encontrar a coragem para superar este desafio?" Depois de fazer sua pergunta, libere-a, confiando que a resposta virá no momento e da maneira certos.

A orientação de Miguel frequentemente chega em formas sutis. Uma das maneiras mais comuns pelas quais ele se comunica é através da intuição – um insight repentino, um sentimento de certeza ou um pensamento silencioso e persistente que o guia gentilmente em uma direção específica. Essas impressões podem parecer pequenas ou facilmente ignoradas, mas são sinais poderosos. Confie em sua intuição, sabendo que muitas vezes é a voz da orientação divina. Quando você sentir um toque interior ou ouvir um sussurro silencioso em sua mente, pare e ouça profundamente. Permita que sua intuição se desdobre, revelando insights que são claros e fundamentados na verdade.

Além da intuição, as mensagens de Miguel frequentemente aparecem através de símbolos. Esses símbolos podem se manifestar em sua vida diária, talvez como imagens recorrentes, sonhos ou até frases que chamam sua atenção. Penas, particularmente azuis ou brancas, são um sinal comum da presença e proteção de Miguel. Se você encontrar uma pena em um lugar inesperado, tome isso como um lembrete gentil de que ele está cuidando de você, guiando e protegendo-o. Símbolos também podem aparecer em números, sons ou objetos que parecem se destacar. Sequências repetidas, como ver o número "111" ou "444", podem ser sinais de que a orientação de Miguel está próxima. Preste atenção a esses padrões, pois eles podem conter mensagens ou insights destinados especificamente a você. Cada símbolo tem um significado, uma vibração que fala diretamente ao seu subconsciente, muitas vezes ignorando a mente analítica. Quando um símbolo aparece, confie que ele tem um propósito, que é a maneira de Miguel de alcançá-lo em uma forma que ressoa com seu espírito.

Os sonhos são outro meio poderoso através do qual Miguel se comunica. Enquanto você dorme, as barreiras da mente consciente se suavizam, permitindo que sua orientação flua mais livremente. Antes de dormir, estabeleça a intenção de receber insights ou orientação através de seus sonhos. Você pode dizer: "Arcanjo Miguel, peço sua orientação esta noite. Ajude-me a entender as mensagens que minha alma precisa ouvir." Mantenha um diário ao lado da cama e, ao acordar, anote quaisquer sonhos, símbolos ou emoções que você se lembrar. Com o tempo, você pode notar temas ou padrões recorrentes que revelam as mensagens de Miguel para você, ajudando-o a navegar em seu caminho com clareza e coragem.

Além desses símbolos pessoais, a orientação de Miguel também pode ser sentida através de sincronicidades – coincidências significativas que parecem desafiar o acaso. Essas sincronicidades frequentemente surgem em momentos cruciais, alinhando pessoas, eventos ou oportunidades que refletem a influência de Miguel. Por exemplo, você pode descobrir que um livro se abre em uma passagem que responde a uma pergunta que você está ponderando, ou você encontra alguém que oferece exatamente a sabedoria ou o apoio de que você precisa. Esses eventos não são aleatórios; eles são a maneira do universo de organizar as circunstâncias para fornecer orientação e direção. Ao permanecer aberto e observador, você reconhece a mão de Miguel em ação, guiando-o através da intrincada tapeçaria da vida.

Outra maneira eficaz de aprofundar sua conexão com a orientação de Miguel é através do diário. Escrever é uma forma de liberação, uma maneira de criar espaço para a intuição fluir. Comece reservando um tempo a cada dia para escrever livremente, permitindo que seus pensamentos e sentimentos fluam para a página sem julgamento ou censura. Ao escrever, concentre-se em perguntas ou áreas onde você busca a orientação de Miguel. Você pode descobrir que os insights começam a emergir naturalmente, como se a voz de Miguel estivesse guiando sua mão, ajudando você a descobrir respostas que estavam esperando dentro de você. Essa prática de escrever abre um canal, um espaço onde a sabedoria de Miguel pode fluir diretamente para sua consciência.

A meditação guiada é outra prática poderosa para se conectar com a orientação de Miguel. Visualize uma luz azul ao seu redor, convidando a presença de Miguel para se aproximar. Depois de sentir a energia dele, faça sua pergunta ou declare sua intenção de orientação, então sente-se em silêncio, permitindo que quaisquer impressões, pensamentos ou sentimentos surjam. As respostas de Miguel podem chegar como visões, palavras ou simplesmente uma profunda sensação de conhecimento. Essa forma de meditação cria uma ponte entre você e Miguel, um espaço onde a sabedoria dele pode alcançá-lo sem interferência da mente consciente.

Às vezes, a orientação que você procura pode não chegar imediatamente. Nesses casos, pratique a paciência e a confiança. As respostas de Miguel vêm no momento certo e na forma que melhor serve ao seu bem maior. Lembre-se de que a orientação dele nem sempre pode estar alinhada com suas expectativas; pode desafiá-lo a sair de sua zona de conforto, a confiar em um caminho que parece desconhecido. Esteja aberto ao inesperado, sabendo que a perspectiva de Miguel é mais ampla e sábia, que ele vê toda a jornada enquanto você vê apenas uma parte. Essa confiança é essencial, uma rendição que permite que sua orientação flua mais livremente.

 Se você não tiver certeza sobre a orientação que recebe, peça confirmação. A energia de Miguel é clara e consistente; ele não está limitado pelo tempo e repetirá as mensagens conforme necessário para garantir que você entenda. Se um sinal ou símbolo aparecer várias vezes ou se você sentir um toque recorrente, tome isso como confirmação da mensagem de Miguel. Ao honrar este processo, você constrói um relacionamento baseado na confiança, uma conexão onde a orientação de Miguel se torna um diálogo contínuo, uma conversa que se torna mais clara a cada interação.

 Com o tempo, você pode descobrir que a orientação de Miguel se torna entrelaçada na estrutura de sua vida diária. Sua presença pode ser sentida nos pequenos momentos, nos insights silenciosos, nas escolhas que você faz que se alinham com seu bem maior. Essa orientação não é uma série de comandos; é um apoio gentil, um lembrete da sabedoria e da coragem que residem dentro de você. O papel de Miguel não é direcionar cada ação, mas capacitá-lo a confiar em seu caminho, a percorrê-lo com força, sabendo que a energia dele está sempre com você.

À medida que você aprofunda essa prática, você se tornará mais sintonizado com a presença de Miguel, capaz de sentir sua orientação até nos menores detalhes. Este é um processo de abertura, uma disposição de ver além da superfície e confiar nas conexões invisíveis que moldam seu caminho. A orientação de Miguel convida você a viver com consciência, a abordar cada dia com um senso de propósito e alinhamento, uma prontidão para abraçar os sinais e mensagens que surgem em seu caminho.

Ao receber a orientação de Miguel, você entra em um relacionamento de profundo apoio e amor. Sua sabedoria é um presente, um recurso que ilumina seu caminho e fortalece seu espírito. Com cada sinal, cada símbolo, cada sussurro silencioso de intuição, a presença de Miguel se torna mais vívida, uma luz constante que brilha em sua jornada. Abrace esta orientação com um coração aberto, sabendo que com Miguel ao seu lado, você está sempre guiado, sempre protegido e para sempre alinhado com a verdade mais elevada de sua alma.

Capítulo 14
Cura Emocional com o Apoio de Miguel

A cura emocional com o apoio do Arcanjo Miguel é uma jornada de profunda transformação, um processo que traz paz e clareza ao coração, liberando fardos, traumas e medos que não servem mais. A presença de Miguel é de força e compaixão, oferecendo tanto a coragem para enfrentar emoções difíceis quanto a garantia de que você não está sozinho nesta jornada. Com sua orientação, feridas emocionais que podem ter parecido opressoras ou profundamente escondidas podem ser gentilmente trazidas à luz, examinadas e transformadas. Miguel não nos protege dessas experiências, mas fornece a força necessária para confrontá-las e curá-las, restaurando o equilíbrio e a paz interior.

Para iniciar esta jornada de cura emocional, é importante criar um espaço seguro e intencional onde a presença de Miguel possa ser sentida. Este espaço pode ser um quarto silencioso, uma área isolada na natureza, ou mesmo um pequeno canto em sua casa dedicado à sua prática de cura. Acenda uma vela ou segure um pedaço de lápis-lazúli ou quartzo rosa, pedras que ressoam com cura e compaixão. Ao se acomodar neste espaço, respire fundo algumas vezes, permitindo que cada expiração libere qualquer tensão ou resistência. Este é um momento sagrado para você se conectar com seu eu interior e convidar a luz de cura de Miguel para o seu coração.

Quando se sentir pronto, comece invocando Miguel. Em sua mente ou em voz alta, diga: "Arcanjo Miguel, eu convido sua presença para este espaço. Cerque-me com sua força e compaixão enquanto abro meu coração para a cura. Ajude-me a liberar o que não me serve mais, a encontrar paz e a redescobrir minha luz interior." Ao dizer estas palavras, visualize Miguel aparecendo diante de você, uma figura radiante cercada por uma aura azul de cura e proteção. Sua energia é calma, mas poderosa, uma presença que inspira confiança e segurança.

Com a presença de Miguel ao seu lado, reserve um momento para identificar quaisquer emoções ou memórias que estejam pesando em seu coração. Podem ser experiências recentes ou feridas mais antigas que persistem ao longo do tempo. Permita que essas emoções surjam sem julgamento, observando-as como são, sem a necessidade de analisar ou explicar. Talvez haja tristeza, medo, raiva ou arrependimento – o que quer que surja, segure-o gentilmente em sua consciência, sabendo que é seguro sentir essas emoções na presença de Miguel.

Uma das técnicas mais poderosas para a cura emocional com Miguel é a Liberação da Chama Azul. Visualize uma chama azul brilhante à sua frente, brilhando com a energia de Miguel. Esta chama não é uma força destrutiva, mas purificadora, capaz de transmutar emoções pesadas em luz. Ao se concentrar nesta chama, imagine-se colocando cada emoção, memória ou medo difícil em seu calor suave. Veja a chama envolvendo essas energias, dissolvendo seu peso, transformando-as em pura luz.

Ao liberar cada emoção na chama, diga palavras de intenção, como: "Eu libero esta tristeza para a luz da cura" ou "Eu entrego este medo à proteção de Miguel". Com cada declaração, sinta a emoção se elevando do seu coração, seu peso diminuindo gradualmente à medida que a chama trabalha para limpar e purificar. Este é um processo de deixar ir, de confiar que a energia de Miguel pode transformar o que parece doloroso em uma fonte de força e resiliência.

Durante este processo, você pode sentir sensações de calor, formigamento ou leveza no peito, sinais de que a energia de cura de Miguel está trabalhando dentro de você. Essas sensações são sutis, mas profundas, uma indicação de que a liberação está ocorrendo em um nível energético. Permita-se permanecer neste espaço de liberação pelo tempo que precisar, dando a cada emoção ou memória a atenção que ela requer antes de entregá-la totalmente.

Para feridas emocionais mais profundas, pode ser útil trabalhar com a Espada de Luz de Miguel para cortar quaisquer cordões energéticos persistentes conectados a experiências ou relacionamentos dolorosos. As feridas emocionais frequentemente deixam impressões energéticas, apegos que nos ligam a eventos passados e drenam nossa vitalidade. Visualize Miguel ao seu lado, segurando sua espada, sua lâmina brilhando com uma luz azul-branca pura. Veja-o guiando gentilmente a espada em direção a quaisquer cordões ou apegos que não lhe servem mais, sua intenção sendo de compaixão e liberação.

Quando a espada de Miguel tocar esses cordões, imagine-os dissolvendo-se instantaneamente, libertando você de quaisquer amarras energéticas. A cada corte, sinta uma nova liberdade, uma sensação de independência do peso do passado. Esta prática não é sobre esquecer, mas sobre liberar a carga emocional que essas experiências carregam, permitindo que você avance sem estar preso a velhas feridas. Com a ajuda de Miguel, esses apegos se transformam, libertando você para experimentar sua vida com clareza e paz renovadas.

Depois de trabalhar com a Chama Azul e a Espada de Luz, você pode colocar uma mão sobre o coração e respirar fundo algumas vezes, convidando compaixão e gentileza para consigo mesmo. A cura emocional é um processo delicado, que requer paciência e autoaceitação. Neste momento, imagine Miguel colocando a mão sobre a sua, sua energia fluindo para o seu coração, enchendo você de calor e segurança. Sinta sua luz suavizando quaisquer áreas de dor ou vulnerabilidade, um bálsamo que traz conforto e cura.

A energia de Miguel encoraja você a ser compassivo consigo mesmo, a reconhecer que a cura não é um processo instantâneo, mas uma jornada. Permita-se sentir quaisquer emoções que surjam sem julgamento. Se as lágrimas vierem, deixe-as fluir; se a raiva ou a frustração surgirem, reconheça esses sentimentos com gentileza. A presença de Miguel fornece um recipiente seguro para todas as emoções, um espaço onde nada é rejeitado ou julgado. Cada emoção é uma parte de sua cura, um passo em direção à integridade e à paz interior.

Para apoiar ainda mais sua cura emocional, pratique afirmações que se alinhem com a energia de Miguel. Afirmações como "Eu sou digno de cura e paz", "Eu libero o passado com amor" e "Eu sou apoiado e protegido" ajudam a reformular seu diálogo interno, substituindo o medo ou a dúvida por confiança e autocompaixão. Fale essas afirmações na presença de Miguel, sentindo cada palavra ressoar em seu coração. Essas afirmações não são meras declarações; elas são declarações de sua prontidão para abraçar a cura, uma maneira de ancorar o apoio de Miguel em seu ser.

Outra prática útil é escrever em um diário, uma maneira de expressar e processar emoções que podem parecer complexas ou difíceis de articular. Na presença de Miguel, escreva livremente sobre o que você está experimentando, deixando as palavras fluírem sem edição ou julgamento. Este processo de escrita permite que você libere pensamentos e sentimentos de uma forma tangível, ajudando você a ganhar clareza e perspectiva. Você pode se dirigir a Miguel diretamente em seus escritos, pedindo sua orientação, expressando suas intenções de cura ou refletindo sobre os insights que surgem durante o seu diário.

Se a cura emocional parecer opressora, use a visualização guiada para aprofundar sua conexão com a energia reconfortante de Miguel. Visualize-se em um lugar seguro e tranquilo – um prado sereno, uma praia tranquila ou uma floresta banhada pela luz do sol. Imagine Miguel sentado ao seu lado, sua presença firme e calma. Nesta visualização, fale com ele abertamente, compartilhando seus medos, suas esperanças ou sua dor. Sinta sua compaixão envolvendo você, uma garantia de que seus sentimentos são vistos, reconhecidos e honrados. Esta visualização cria um santuário de cura, um lugar para onde você pode retornar sempre que precisar do conforto e apoio de Miguel.

Para aqueles momentos em que as feridas emocionais ressurgem inesperadamente, estabeleça um ritual diário de proteção e ancoragem para manter seu equilíbrio. Comece cada manhã visualizando o Escudo Azul de Miguel cercando você, protegendo-o de energias que podem desencadear ou amplificar a dor emocional. Reserve alguns momentos para se ancorar, imaginando raízes se estendendo de seus pés até a terra, atraindo força e estabilidade para seu corpo. Esta prática cria uma base de resiliência, capacitando você a enfrentar desafios emocionais com coragem e calma.

A cada sessão de cura, você aprofunda sua conexão com a energia transformadora de Miguel, construindo um relacionamento que apoia seu bem-estar emocional. Sua presença se torna uma fonte de força interior, um lembrete de que nenhuma emoção é pesada demais, nenhuma ferida é profunda demais para ser curada. Através de sua orientação, você aprende a navegar por suas emoções com honestidade e compaixão, permitindo-se sentir sem medo, curar sem julgamento.

A cura emocional com Miguel não é um destino, mas um processo contínuo, que cresce e evolui com você. À medida que você libera padrões antigos e abraça seu verdadeiro eu, você cria espaço para alegria, paz e amor-próprio. Esta jornada transforma não apenas seu relacionamento com o passado, mas também sua perspectiva sobre o presente e o futuro. A energia de Miguel está presente em cada passo, um lembrete constante de que você está seguro, apoiado e guiado em direção à integridade.

Cada vez que você invoca Miguel para a cura emocional, você renova seu compromisso com seu bem-estar, honrando a luz dentro de você. Sua presença o capacita a confrontar e liberar o que não serve mais, permitindo que você avance sem fardos e em paz. Com o apoio de Miguel, você é livre para viver plenamente, abraçar seu verdadeiro eu e experimentar a vida com um coração aberto, curado e resiliente.

Capítulo 15
Restaurando a Saúde Física

A presença do Arcanjo Miguel se estende além da orientação espiritual e proteção; ele também oferece sua energia de cura para apoiar a restauração da saúde física. Embora tradicionalmente conhecido como protetor e guardião, a energia de Miguel carrega uma força potente de renovação que pode fortalecer, energizar e alinhar o corpo com o bem-estar. A cura física com Miguel não se trata apenas de aliviar os sintomas, mas de harmonizar o corpo, a mente e o espírito, alinhando-os para apoiar a saúde duradoura. Trabalhar com a energia de Miguel abre um caminho para o rejuvenescimento, encorajando o corpo a liberar estresse, toxinas e desequilíbrio, e permitindo que a luz divina flua através de cada célula.

A jornada da cura física começa com a intenção de convidar a energia de cura de Miguel para o seu corpo. Essa intenção é a pedra angular do processo de cura, pois cria uma abertura para que sua luz entre e flua através de áreas de desconforto ou doença. Comece encontrando um espaço confortável e tranquilo onde você possa relaxar sem interrupções. Se desejar, acenda uma vela azul como um símbolo da presença de Miguel ou coloque um cristal, como quartzo transparente ou selenita, próximo para ancorar sua energia de cura.

Acomode-se neste espaço com algumas respirações profundas, permitindo que cada expiração libere a tensão do seu corpo. Ao respirar, sinta-se tornando-se calmo e receptivo, aberto para receber a energia de Miguel. Em sua mente ou em voz alta, diga: "Arcanjo Miguel, eu convido sua luz de cura para o meu corpo. Cerque-me com sua força, restaure minha saúde e preencha cada célula com sua energia protetora e curativa." Ao falar, visualize uma luz azul suave descendo ao seu redor, envolvendo-o em um casulo suave de calor e paz.

Enquanto a luz de Miguel o rodeia, concentre-se na área do seu corpo que precisa de cura. Seja uma lesão física, dor crônica ou uma área de tensão, visualize esta parte do seu corpo banhada na luz azul de Miguel. Imagine a luz penetrando suavemente as células, preenchendo-as com uma energia calmante e revitalizante que dissolve a dor, inflamação ou desconforto. Veja esta luz azul como uma onda de limpeza, lavando cada célula, removendo qualquer energia estagnada ou bloqueada e restaurando cada célula a um estado de equilíbrio e saúde.

Para aprofundar esse processo, use a respiração para guiar a energia de Miguel através do seu corpo. Ao inspirar, visualize a luz azul entrando na área de desconforto e, ao expirar, imagine liberar qualquer dor, tensão ou doença, permitindo que ela se dissolva na luz. Essa respiração rítmica serve como um canal para a energia de Miguel, ajudando-a a fluir suavemente e profundamente nas áreas que requerem cura. A cada respiração, sinta sua luz movendo-se mais profundamente nas células, restaurando a vitalidade e a harmonia.

Se você tiver condições crônicas ou uma sensação geral de fadiga, visualize a luz azul de Miguel fluindo por todo o seu corpo, não apenas em uma área. Imagine essa luz como uma cachoeira suave, caindo de cima e enchendo você da cabeça aos pés. Veja a luz caindo em cascata por cada parte do seu corpo, limpando e revitalizando cada órgão, músculo e célula. À medida que essa luz passa por você, sinta-a carregando toxinas, fadiga e qualquer forma de desequilíbrio, deixando seu corpo renovado e energizado.

Além da visualização, você também pode usar afirmações para ancorar a energia de cura de Miguel em seu corpo. Afirmações como "Meu corpo está cheio de luz divina de cura", "Cada célula é renovada e restaurada" e "Sou apoiado pela força e proteção de Miguel" reforçam o processo de cura, alinhando sua mente e espírito com a intenção de bem-estar. Fale essas afirmações em voz alta ou silenciosamente enquanto continua a visualizar a luz de Miguel movendo-se através do seu corpo. Permita que cada afirmação ressoe profundamente, transformando não apenas seu corpo físico, mas também suas crenças sobre sua capacidade de cura.

A Espada de Luz de Miguel também pode desempenhar um papel na cura física, especialmente na liberação de apegos energéticos que podem contribuir para doenças ou fadiga. Às vezes, as doenças físicas estão ligadas a cordões energéticos ou apegos persistentes que drenam sua vitalidade. Visualize

Miguel ao seu lado, segurando sua espada com uma lâmina que brilha com uma luz azul-branca vibrante. Com sua orientação, permita que ele corte quaisquer cordões ou apegos que não sirvam mais ao seu bem maior, liberando você desses laços energéticos. À medida que os cordões se dissolvem, sinta uma onda de liberdade, uma leveza que permeia todo o seu ser, limpando qualquer coisa que obstrua o estado natural de bem-estar do seu corpo.

Se você luta contra o estresse ou a ansiedade, que muitas vezes se manifestam fisicamente, considere técnicas de aterramento para fortalecer a conexão do seu corpo com a terra. A energia de Miguel é poderosa, mas também de aterramento, capaz de ancorá-lo no momento presente e aliviar os efeitos físicos do estresse. Imagine raízes crescendo de seus pés, estendendo-se profundamente na terra, conectando você à sua energia constante e nutritiva. Sinta a presença de Miguel guiando essas raízes, garantindo que você esteja firmemente ancorado e apoiado. Essa prática de aterramento pode reduzir a tensão física, trazendo calma aos seus músculos e órgãos, criando uma base para que a cura ocorra.

Para lesões específicas ou áreas de dor intensa, use a visualização focada com a energia de cura de Miguel. Coloque a mão sobre a área, ou simplesmente mantenha sua consciência lá, e visualize um feixe de luz azul fluindo de Miguel diretamente para este ponto. Veja esta luz pulsando suavemente, sua energia entrando nos tecidos, aliviando a dor e acelerando a cura. Se você se sentir guiado, imagine Miguel colocando a mão sobre a sua, sua energia fluindo através de você, ampliando sua intenção e infundindo a área com uma força potente de cura e renovação.

O registro em diário também pode servir como uma prática de apoio para a cura física, pois permite que você explore quaisquer padrões emocionais ou pensamentos que possam estar afetando seu corpo. A saúde física está frequentemente interligada com o bem-estar emocional e, ao trazer consciência para as emoções não resolvidas, você cria espaço para a cura em todos os níveis. Escreva sobre suas sensações físicas, qualquer dor ou desconforto, e permita que seus pensamentos fluam livremente para a página. Ao escrever, convide a orientação de Miguel, pedindo-lhe para revelar quaisquer insights ou conexões entre suas emoções e sintomas físicos. Esse processo pode revelar insights valiosos, ajudando você a abordar não apenas os sintomas, mas as causas mais profundas do desequilíbrio físico.

Se você estiver trabalhando com condições de saúde específicas, considere pedir a Miguel para guiá-lo em direção a recursos de apoio — sejam médicos, tratamentos ou remédios naturais que se alinhem com seu caminho para o bem-estar. Sua orientação frequentemente chega de maneiras sutis, talvez por meio de uma recomendação inesperada, uma conversa ou um forte sentimento de ressonância com uma abordagem particular. Ao se abrir à sua orientação, você pode confiar que será conduzido aos recursos e sistemas de apoio que melhor atendem à sua jornada de cura.

Outra maneira de melhorar a cura física é integrar técnicas de meditação e relaxamento que permitam que a energia de Miguel trabalhe dentro do seu corpo sem resistência. O estresse e a tensão podem criar barreiras que obstruem o fluxo da energia de cura. A meditação diária, especialmente com a presença de Miguel, traz relaxamento ao corpo, permitindo que ele entre em um estado de repouso onde a cura pode ocorrer naturalmente. Ao meditar, imagine a luz azul de Miguel cercando você, aliviando a tensão de cada músculo, trazendo paz à sua mente e promovendo um ambiente onde os processos naturais de cura do corpo são ativados.

Para desafios crônicos de saúde, estabelecer uma rotina diária de cura com Miguel pode ser particularmente benéfico. Essa rotina pode ser tão simples quanto alguns minutos todas as manhãs e noites passados visualizando sua luz dentro do seu corpo, falando afirmações ou praticando respiração suave. Essa prática diária cria um fluxo consistente de energia de cura, reforçando a força e a resiliência naturais do seu corpo. A cada dia, você se torna mais sintonizado com a presença de Miguel, permitindo que sua luz o apoie enquanto você se move pelas fases de sua jornada de cura.

Lembre-se, a cura física é um processo que se desenrola em seu próprio ritmo, e a paciência consigo mesmo é essencial. O apoio de Miguel é uma presença constante e reconfortante, um lembrete de que a cura não é apenas possível, mas parte de sua jornada em direção à totalidade. Quando ocorrem contratempos, ou se o processo de cura parece lento, confie que cada momento está aproximando você da saúde, que a luz de Miguel continua a trabalhar dentro de você, mesmo quando o progresso parece sutil ou invisível.

Para encerrar cada sessão de cura, ofereça gratidão a Miguel, reconhecendo sua presença e a luz que ele trouxe para o seu corpo. Em sua mente ou em voz alta, diga: "Obrigado, Arcanjo Miguel, por sua luz de cura, por sua proteção e por sua força. Que eu possa continuar a crescer em saúde e integridade, alinhado com sua orientação divina." Ao dizer essas palavras, visualize sua luz se estabelecendo suavemente dentro de você, uma energia duradoura que apoia a restauração contínua do seu corpo.

Com cada sessão de cura, com cada momento de conexão com a energia de Miguel, você está construindo uma base de força, resiliência e bem-estar. Sua presença se torna uma parte integrante de sua jornada, uma fonte de proteção e renovação que o capacita a enfrentar desafios com coragem e esperança. A cura física com Miguel não é apenas sobre a restauração do corpo, mas sobre abraçar um caminho de harmonia, uma jornada que alinha sua saúde física com seu crescimento espiritual.

Conforme você continua esta prática, você descobrirá que a energia de Miguel se torna um suporte constante, uma luz que você pode invocar sempre que precisar de cura, força ou segurança. Sua orientação o conduz ao bem-estar, sua luz o enche de paz e sua presença o lembra de que você nunca está sozinho. Através de seu apoio, você é capacitado a viver plenamente, com um corpo curado, um espírito forte e um coração aberto à plenitude da vida.

Capítulo 16
Purificando Ambientes com Miguel

Criar um ambiente purificado é essencial para manter um espaço onde a harmonia, a clareza e a energia positiva possam florescer. Nossos arredores influenciam profundamente nosso bem-estar e, assim como limpamos nossa própria energia, é igualmente vital limpar os espaços que ocupamos. Ao trabalhar com o Arcanjo Miguel, convidamos sua potente energia protetora para o nosso ambiente, removendo a negatividade e substituindo-a por luz e paz. A presença de Miguel age como um poderoso purificador, varrendo os espaços e transformando-os em santuários onde nossas mentes podem descansar, nossos espíritos podem se expandir e nossos corações podem encontrar paz.

Ao purificar seu ambiente com a ajuda de Miguel, você estabelece um espaço que não está apenas livre de energias indesejadas, mas também fortificado contra a negatividade. Este processo cria uma base de estabilidade, um ambiente físico que apoia seu crescimento espiritual e bem-estar. A energia purificadora de Miguel remove vibrações residuais de eventos passados, emoções ou conflitos que podem ter deixado uma marca, permitindo que o espaço se sinta fresco, revitalizado e protegido. Cada vez que você limpa um espaço com a energia dele, você o torna um lugar sagrado, um local de paz e força divinas.

Para começar, escolha o espaço que deseja purificar — seja sua casa, um único cômodo ou até mesmo seu local de trabalho. Reúna quaisquer itens que você queira incorporar, como uma vela azul para representar a presença de Miguel, cristais como turmalina negra ou selenita para poder de limpeza adicional, e uma ferramenta de defumação como sálvia, palo santo ou incenso. Esses itens não são essenciais, mas podem atuar como auxílios físicos, ancorando a energia de Miguel no espaço. Organize-os cuidadosamente, definindo a intenção de que eles estão lá para ajudá-lo a invocar a energia de Miguel para purificação.

Ao se preparar, reserve alguns momentos para se centrar. Feche os olhos e respire fundo várias vezes, permitindo que cada expiração libere quaisquer distrações, trazendo sua consciência totalmente para o momento presente. Em sua mente ou em voz alta, diga: "Arcanjo Miguel, eu o convido a se juntar a mim neste espaço. Cerque-me com sua luz purificadora e ajude-me a limpar este ambiente. Que ele seja preenchido com paz, clareza e proteção." Ao falar, visualize Miguel aparecendo ao seu lado, sua figura radiante com luz azul, uma presença que traz calma, força e segurança.

Para iniciar a purificação, comece na entrada do cômodo ou da casa. Acenda sua ferramenta de defumação ou vela e, à medida que a fumaça ou a luz preenche o ar, visualize-a carregando qualquer energia estagnada ou negativa. Mova-se pelo espaço lentamente, guiando a fumaça ou a luz da vela pelas paredes, cantos e lugares onde a energia possa parecer pesada. Ao fazer isso, imagine Miguel caminhando ao seu lado, sua luz azul se expandindo para todos os cantos, purificando o espaço. Sinta a energia dele varrendo, uma força suave, mas poderosa, que remove qualquer coisa que não sirva ao seu bem maior.

Ao se mover por cada área, diga palavras de intenção, como: "Eu limpo este espaço de toda a negatividade" ou "Somente amor e paz podem habitar aqui". Deixe suas palavras serem uma declaração, uma afirmação de que este espaço é sagrado e protegido. A presença de Miguel amplifica essas intenções, selando cada área com sua luz, transformando-a em um santuário de paz. Essa prática é especialmente benéfica em espaços que parecem particularmente densos ou que vivenciaram conflitos, pois convida a energia de Miguel para reiniciar e renovar a atmosfera.

Em áreas onde a energia parece especialmente pesada, você pode optar por visualizar a Espada de Luz de Miguel varrendo, cortando quaisquer vibrações densas ou persistentes. Veja-o erguendo sua espada, sua lâmina brilhando com uma luz azul-branca brilhante, e cortando a energia, dissolvendo-a instantaneamente em luz. Essa visualização é particularmente eficaz para espaços que parecem resistentes à purificação ou que parecem se apegar a energias passadas. A Espada de Luz atua como um catalisador, quebrando essas energias mais densas e abrindo caminho para que vibrações frescas e positivas entrem.

Depois de percorrer todo o espaço, retorne ao centro do cômodo ou da casa e fique parado, permitindo que a energia de Miguel se estabeleça. Feche os olhos e visualize uma chama azul no centro do espaço, uma chama que representa sua presença, um farol de pureza e proteção. Imagine essa chama se expandindo lentamente, preenchendo todo o cômodo com uma luz azul quente. Veja essa luz se movendo por todas as paredes, todos os cantos, todos os objetos, infundindo em cada um uma energia purificadora que dissolve qualquer negatividade remanescente. Essa chama se torna um símbolo permanente da proteção de Miguel, um lembrete de que sua proteção e paz permeiam o espaço.

Em seguida, visualize um Escudo Azul cercando o espaço. Este escudo age como uma barreira protetora, impedindo a entrada de energias negativas. Veja Miguel levantando a mão, estendendo sua energia para criar uma bolha ou cúpula de luz azul ao redor do seu espaço. Este escudo é forte, mas suave, uma fronteira que permite que a energia positiva flua livremente enquanto bloqueia quaisquer forças prejudiciais ou disruptivas. Imagine este escudo como semitransparente, irradiando um brilho azul suave que reflete a presença de Miguel. Este Escudo Azul permanece mesmo após o ritual, uma camada duradoura de proteção que protege seu espaço contra a negatividade.

Para completar o ritual, reserve um momento para agradecer a Miguel por sua ajuda. Em sua mente ou em voz alta, diga: "Obrigado, Arcanjo Miguel, por sua orientação, proteção e luz purificadora. Que este espaço permaneça um santuário de paz, amor e força, sempre alinhado com sua presença divina." Ao dizer essas palavras, imagine a figura de Miguel se dissolvendo suavemente, sua luz permanecendo no espaço como uma presença constante, uma fonte de pureza e paz.

Para suporte adicional, você pode colocar cristais protetores ao redor do cômodo ou da casa, principalmente em entradas ou janelas, onde a energia entra. Pedras como turmalina negra, obsidiana e ametista são excelentes escolhas, pois absorvem e desviam a energia negativa. Ao colocar cada pedra, visualize a luz de Miguel fluindo para ela, capacitando-a a servir como uma extensão de sua proteção. Essas pedras atuam como filtros energéticos, trabalhando continuamente para manter seu espaço limpo e equilibrado.

Incorporar sal também pode melhorar o processo de limpeza, pois o sal tem propriedades purificadoras naturais. Polvilhe uma pequena quantidade de sal em cada canto do cômodo ou nos batentes das portas, definindo a intenção de que o sal absorva qualquer negatividade restante. Depois, aspire ou varra, visualizando qualquer energia indesejada sendo removida com ele. Este simples ato reforça a energia de Miguel dentro do espaço, ancorando sua presença e garantindo que apenas vibrações positivas permaneçam.

Se você tiver negatividade frequente em seu espaço ou sentir que a energia se acumula rapidamente, considere estabelecer uma prática regular de purificação com Miguel. Você pode optar por repetir este ritual de limpeza semanalmente ou mensalmente, dependendo de suas necessidades. A purificação consistente garante que seu ambiente permaneça alinhado com a energia de Miguel, um espaço onde a paz e a clareza podem prosperar. Cada vez que você o invoca, você reforça a proteção que ele oferece, construindo uma atmosfera de positividade e luz inabaláveis.

Para aqueles momentos em que você precisa de uma limpeza rápida, visualize a Chama Azul de Miguel se acendendo instantaneamente no centro do cômodo. Veja esta chama se expandindo para fora, purificando o espaço em segundos, refrescando a energia e restaurando o equilíbrio. Essa visualização rápida pode ser feita a qualquer momento, mesmo em espaços públicos ou durante viagens, para limpar e fortificar instantaneamente a área com a presença de Miguel.

Quando você purifica seu ambiente com a ajuda de Miguel, você o transforma em um lugar de descanso, cura e inspiração. Sua energia se torna parte do próprio espaço, um guardião silencioso que protege, eleva e renova. Cada vez que você entra neste ambiente purificado, você sente a presença dele ao seu redor, um lembrete de que você está sendo segurado em sua luz, protegido da negatividade e livre para viver e crescer em um espaço que ressoa com paz.

Com o tempo, à medida que você continua essa prática, você pode notar uma mudança duradoura na energia do seu ambiente. Espaços que antes pareciam densos ou desconfortáveis se transformarão, tornando-se lugares onde você se sente renovado, inspirado e apoiado. A presença de Miguel se torna mais forte a cada purificação, criando um santuário onde você pode se conectar consigo mesmo, com ele e com o divino. Através deste espaço sagrado, você cultiva uma atmosfera que nutre seu eu superior, um lugar de beleza, calma e alinhamento espiritual.

Ao convidar a energia de Miguel para o seu ambiente, você cria uma base de luz que o apoia em todos os aspectos da sua vida. Este espaço purificado se torna um reflexo de sua paz interior, um espelho da clareza, proteção e força que Miguel traz para sua jornada. Ao percorrer este caminho, saiba que com a orientação de Miguel, seus arredores estão para sempre protegidos, para sempre preenchidos com sua luz e amor inabaláveis.

Capítulo 17
Proteção Espiritual Diária

A proteção espiritual diária com o Arcanjo Miguel é uma prática que fortalece e protege a alma, ajudando você a atravessar cada dia com confiança, paz e resiliência. Ao se conectar com a energia protetora de Miguel todos os dias, você cria um escudo ao seu redor que o protege contra influências negativas, estresses ambientais e energias indesejadas. Esta prática diária não é apenas um ato de autocuidado, mas uma reafirmação do seu compromisso de viver em alinhamento com o seu eu superior, fortificado pela presença duradoura de Miguel.

Trabalhar com Miguel diariamente transforma a proteção de um único ato em uma base sólida, um suporte constante que o rodeia enquanto você navega pela vida. Ele cria um escudo que pode ser fortalecido sempre que necessário, uma armadura espiritual que reflete as qualidades de coragem, força e compaixão de Miguel. Este ritual diário se torna uma pedra angular, uma prática que convida a orientação de Miguel e estabelece uma conexão profunda com sua energia, garantindo que sua luz o acompanhe onde quer que você vá.

Comece sua prática diária de proteção pela manhã, idealmente assim que acordar. Ao iniciar o dia com este ritual, você estabelece uma base de paz e resiliência que o apoia em cada encontro, interação e experiência. Encontre um espaço tranquilo onde você possa se concentrar sem distrações, mesmo que por apenas alguns momentos. Sente-se confortavelmente, feche os olhos e respire fundo várias vezes. Ao inspirar, sinta-se atraindo a energia de Miguel; ao expirar, libere qualquer tensão, preocupação ou fadiga da noite anterior.

Com a mente centrada e a respiração estável, invoque a presença de Miguel. Em sua mente ou em voz alta, diga: "Arcanjo Miguel, eu o convido para o meu dia. Cerque-me com sua luz protetora, guie-me com sua força e proteja-me de todo mal. Que eu possa carregar sua coragem e paz comigo onde quer que eu vá." Enquanto fala, visualize Miguel de pé diante de você, irradiando uma poderosa luz azul que começa a se expandir, envolvendo todo o seu ser.

Imagine esta luz azul formando um escudo protetor ao seu redor, uma barreira vibrante, porém suave, que se move com você, flexível, porém impenetrável. Este escudo se torna um limite que filtra qualquer negatividade, permitindo que apenas amor, paz e positividade entrem. Visualize a luz crescendo mais brilhante, reforçando-se a cada respiração, formando um casulo que protege sua energia de perturbações externas. Este é o Escudo Azul de Miguel, uma camada de proteção espiritual que permanece com você durante todo o dia.

Para aprofundar a força deste escudo, imagine a Espada de Luz de Miguel pairando sobre você, sua lâmina brilhando com uma chama azul-branca. Visualize Miguel baixando esta espada sobre você, traçando-a ao longo da borda do escudo. Conforme a espada se move, ela sela o escudo com uma força inquebrável, uma camada da energia de Miguel que protege contra quaisquer forças negativas ou prejudiciais. Este ato é tanto simbólico quanto energético, uma forma de ancorar a presença protetora de Miguel em sua aura diária.

Uma vez que o escudo esteja estabelecido, volte sua atenção para dentro, concentrando-se em seu coração. Visualize uma pequena chama de luz azul dentro do centro do seu coração, uma centelha da energia de Miguel que irá guiá-lo e protegê-lo durante todo o dia. Esta chama representa não apenas sua proteção, mas também sua coragem e sabedoria. Enquanto você segue seu dia, esta chama interna serve como um lembrete da presença de Miguel, uma fonte constante de força à qual você pode retornar sempre que necessário. Cada vez que você se sentir inseguro ou vulnerável, visualize esta chama brilhando, enchendo você com uma renovada sensação de segurança e clareza.

Outra ferramenta diária poderosa para proteção espiritual é o Manto da Invisibilidade. Este manto serve como uma barreira que protege sua energia daqueles que podem tentar drená-la ou invadi-la. Visualize Miguel colocando este manto sobre seus ombros, uma vestimenta suave e fluida de luz azul que se funde com sua aura, tornando-o energeticamente invisível para quaisquer forças que não se alinhem com amor e paz. O Manto da Invisibilidade permite que você se mova ao longo do dia protegido e despercebido por influências negativas, um limite de energia que o mantém ancorado e seguro.

Ao longo do dia, incorpore breves momentos de respiração para reforçar a energia protetora de Miguel. Sempre que sentir tensão, estresse ou negatividade começando a surgir, pare por um momento, respire fundo e imagine a luz azul de Miguel enchendo seus pulmões e se expandindo para fora. Com cada expiração, libere qualquer estresse ou desconforto, enviando-o para a terra para ser purificado. Esta simples prática de respiração cria um reset, permitindo que a energia de Miguel limpe quaisquer interrupções e o realinhe com sua paz interior.

Além dessas visualizações, as afirmações são uma ferramenta valiosa para fortalecer a proteção espiritual. Comece cada manhã recitando algumas afirmações que se alinhem com as qualidades de Miguel, como: "Eu estou protegido pela luz do Arcanjo Miguel", "Apenas amor e paz podem entrar em meu espaço" ou "Eu caminho com coragem, guiado e guardado pela presença de Miguel". Deixe cada palavra ressoar dentro de você, reforçando sua intenção de permanecer conectado à energia protetora de Miguel ao longo do dia.

Quando você encontrar ambientes ou interações que pareçam particularmente desafiadores, use técnicas de ancoragem para manter sua energia estável e segura. Visualize raízes se estendendo da base de sua espinha ou pés, alcançando profundamente a terra. Sinta a força da terra abaixo de você, apoiando e ancorando você. Imagine a energia de Miguel ancorando você a esta base, garantindo que você permaneça centrado e calmo, não importa quais energias o cerquem. Ancorar-se na presença de Miguel cria uma base sólida, permitindo que sua energia o apoie mesmo nas situações mais caóticas.

Conforme o dia avança, mantenha-se atento à sua energia, verificando periodicamente para avaliar como seu escudo protetor se sente. Se você notar qualquer enfraquecimento do escudo ou sentir qualquer negatividade entrando em seu espaço, visualize o Escudo Azul de Miguel mais uma vez, permitindo que ele brilhe e se fortaleça. Imagine Miguel ao seu lado, reforçando o escudo com sua luz, restaurando seu poder. Esta visualização leva apenas alguns momentos, mas pode ser um reset poderoso, mantendo você alinhado com sua proteção.

Ao final de cada dia, como parte de seu ritual noturno, reserve alguns momentos para limpar sua energia e liberar quaisquer influências remanescentes. Comece visualizando uma Chama Azul à sua frente, uma chama da energia de Miguel que queima qualquer negatividade que você possa ter absorvido ao longo do dia. Imagine-se entrando nesta chama, sentindo-a envolvê-lo completamente, purificando sua aura e restaurando sua energia a um estado de paz. Este é um momento para liberar qualquer estresse, ansiedade ou emoções indesejadas, permitindo que a luz de Miguel limpe seu campo de energia.

Ao sair da chama, respire fundo algumas vezes, sentindo-se leve e revigorado. Visualize sua chama interior em seu coração mais uma vez, um brilho constante que permanecerá com você mesmo enquanto você dorme, um guardião silencioso de paz e força. Agradeça a Miguel por sua orientação, proteção e luz ao longo do dia. Esta gratidão encerra o ritual, honrando sua presença e reafirmando sua conexão com sua energia.

Para suporte adicional, considere manter cristais de proteção por perto, como turmalina negra, ametista ou hematita. Carregue essas pedras com você durante o dia ou coloque-as perto de sua cama à noite. Esses cristais atuam como âncoras para a energia de Miguel, reforçando seu escudo e absorvendo quaisquer energias negativas. Segure-os em sua mão sempre que precisar de um momento de proteção ou ancoragem, deixando sua energia se fundir com a presença de Miguel para fortalecer sua armadura espiritual.

Finalmente, considere usar orações ou invocações como âncoras diárias para a proteção de Miguel. Frases simples como: "Arcanjo Miguel, cerque-me com sua luz e proteja-me em todos os sentidos", podem ser repetidas sempre que você precisar de segurança ou força. Essas orações criam uma conexão direta com Miguel, um chamado por sua orientação e proteção que pode ser invocado a qualquer momento. Ao manter essas orações perto de seu coração, você estabelece uma linha estável e confiável para sua energia, reforçando sua proteção espiritual ao longo de cada dia.

Com o tempo, esta prática diária de proteção se torna uma segunda natureza, uma parte integrada de sua vida. O escudo que você cria com Miguel cresce mais forte a cada dia, um limite resiliente que protege sua energia e paz de espírito. A presença de Miguel se torna entrelaçada em sua rotina diária, uma luz constante que o acompanha em todas as coisas. Esta prática não é apenas uma forma de proteção, mas uma base de empoderamento, um lembrete de que você caminha cada dia guiado e guardado por uma força divina.

Através desta prática diária, você constrói uma vida onde você se sente seguro, apoiado e em paz, independentemente das circunstâncias externas. Com a energia de Miguel ao seu lado, você está livre para se mover pela vida com coragem, clareza e confiança. Sua luz serve como um lembrete de que você está sempre protegido, sempre amado e sempre alinhado com um poder superior que zela por você.

Cada manhã, cada respiração, cada momento que você invoca a proteção de Miguel é uma afirmação de sua força, uma dedicação para viver plena e livremente em sua luz. Com a presença de Miguel ao seu lado, você está protegido do perigo, capacitado para enfrentar qualquer desafio e abençoado com uma paz que perdura, fundamentada no amor e sabedoria infinitos do Arcanjo Miguel.

Capítulo 18
Superando Medos com a Ajuda de Miguel

Superar o medo com a orientação do Arcanjo Miguel é um convite para entrar na coragem e na força, permitindo que sua presença dissolva as ansiedades e limitações que o impedem. O medo é uma emoção poderosa, muitas vezes enraizada em experiências passadas ou moldada por incertezas sobre o futuro. A energia de Miguel oferece um caminho profundo para a liberdade do medo, substituindo-o por uma sensação de paz, resiliência e confiança. Trabalhar com ele dessa forma é transformar o medo em uma oportunidade de crescimento, permitindo que você abrace a vida com um espírito de confiança e fé.

O apoio de Miguel na superação do medo é um lembrete de que o medo em si não é uma barreira, mas um sinal, um chamado para explorar e entender partes de nós mesmos que podem se sentir vulneráveis. Através de sua orientação, você aprende a ver o medo não como um obstáculo, mas como um portal – um lugar onde a alma é convidada a se expandir e descobrir sua verdadeira força. O papel de Miguel como protetor o torna singularmente adequado para ajudá-lo a liberar medos que podem estar escondidos no fundo, trazendo sua luz inabalável para os lugares onde as sombras antes persistiam.

Para começar seu trabalho com Miguel na liberação do medo, encontre um espaço confortável e tranquilo onde você possa se concentrar sem distrações. Comece fechando os olhos, respirando fundo várias vezes e permitindo que seu corpo relaxe. A cada expiração, imagine liberar qualquer tensão, preocupações ou ansiedades, deixando-as flutuar para longe como nuvens se dissolvendo no céu. Nesse estado relaxado, convide Miguel para se juntar a você, pedindo seu apoio e proteção. Em sua mente ou em voz alta, diga: "Arcanjo Miguel, peço sua presença para me ajudar a liberar meus medos. Cerque-me com sua luz e guie-me para um lugar de paz e coragem."

Ao invocar Miguel, visualize-o aparecendo diante de você, irradiando uma luz azul forte e reconfortante. Sinta sua presença ao seu redor, um escudo que o mantém seguro e firme enquanto você enfrenta a jornada à frente. Sua energia traz uma sensação de calma e segurança, permitindo que você se abra a quaisquer emoções ou medos que surjam sem se sentir sobrecarregado. Reserve um momento para descansar nessa luz, deixando-a encher seu coração e mente com paz, ancorando-o na força e proteção de Miguel.

Uma técnica poderosa para liberar o medo é usar a visualização para transformá-lo. Comece identificando um medo ou preocupação específico que você deseja liberar. Pode ser um medo de fracasso, um medo de julgamento ou um medo enraizado em experiências passadas. Traga esse medo para sua consciência, permitindo-se reconhecê-lo sem julgamento. Visualize esse medo como um objeto tangível – uma pedra, um pedaço de névoa escura ou qualquer imagem que pareça verdadeira para você. O objetivo é dar forma ao medo para que você possa trabalhar com ele diretamente.

Agora, imagine colocar esse medo em uma Chama Azul que está diante de você, uma chama criada pela energia de Miguel. Veja o medo se dissolvendo ao tocar a chama, a luz azul consumindo-o suavemente, transformando sua energia escura em luz. À medida que o medo se dissolve, sinta um peso se elevando de você, uma sensação de liberação que traz nova clareza e paz. A cada respiração, imagine mais desse medo se dissolvendo, até que a chama o tenha transmutado completamente em luz. Essa visualização não é meramente simbólica; é um ato energético, uma maneira de liberar o controle que o medo tem sobre você.

Conforme o medo se dissolve, imagine Miguel colocando sua Espada de Luz em suas mãos. Esta espada é uma ferramenta de coragem e verdade, um símbolo de que você está protegido e fortalecido. Sinta a energia dela se fundindo com a sua, um lembrete de que você tem a força para enfrentar qualquer coisa. Visualize-se segurando a espada no alto, sua lâmina brilhando com uma luz azul pura que representa a coragem de Miguel. Neste momento, afirme sua disposição de enfrentar a vida sem medo. Diga: "Eu libero meus medos e abraço a força dentro de mim. Com o apoio de Miguel, sou livre para viver com coragem, guiado pela verdade e pela luz."

Outro método eficaz é trabalhar com afirmações que ressoam com a energia de força e proteção de Miguel. Essas afirmações servem como lembretes de sua resiliência interior e do apoio divino que está sempre disponível. Exemplos incluem: "Estou seguro, apoiado e destemido", "Confio na proteção de Miguel enquanto libero todo o medo" ou "A coragem flui através de mim enquanto caminho em meu caminho". Fale essas afirmações em voz alta, deixando cada palavra ressoar profundamente dentro de você. A cada repetição, você reforça sua intenção de viver além do medo, convidando a energia de Miguel para fortalecer seu espírito.

Se você achar que certos medos parecem resistentes ou difíceis de liberar, use a respiração guiada para criar espaço interior. Comece respirando profundamente, concentrando-se na área do seu corpo onde o medo se faz mais presente. Pode ser no peito, estômago ou qualquer lugar onde a tensão se acumule. Imagine respirar a luz azul de Miguel nessa área, enchendo-a de calor e paz. A cada expiração, libere parte da tensão, permitindo que o medo se suavize e se dissolva. Essa prática de respiração permite que a energia de Miguel se mova para lugares que se sentem constritos, liberando o medo de dentro.

Miguel também pode ajudar a superar medos enraizados em experiências passadas ou traumas. Esses medos profundos podem resultar de eventos específicos que deixaram uma marca emocional persistente. Para lidar com isso, visualize Miguel ao seu lado, com a mão em seu ombro em sinal de apoio. Imagine-o guiando você para revisitar a memória, não para revivê-la, mas para vê-la através de seus olhos – uma perspectiva cheia de compaixão e compreensão. Ao observar a memória, imagine a luz de Miguel cercando-a, transformando qualquer dor ou medo residual em paz. Permita que a energia dele o ajude a ver esse evento passado com uma nova perspectiva, uma que o liberte de seu controle e restaure sua sensação de paz interior.

Se você encontrar medos relacionados ao futuro ou ao desconhecido, trabalhe com o Escudo Azul de Miguel como uma ferramenta para confiança e estabilidade. Visualize este escudo ao seu redor, criando um limite que impede que as preocupações com o futuro obscureçam seu presente. Com este escudo no lugar, sinta uma sensação de confiança em cada passo adiante, sabendo que a energia de Miguel o cerca e que você é guiado a cada momento. Cada vez que você se sentir inseguro ou com medo do futuro, retorne a esta visualização, ancorando-se na luz de Miguel, que serve como um lembrete constante da proteção divina.

Para medos que surgem repentinamente ou durante o dia, crie um rápido *check-in* mental com Miguel. Quando o medo surgir, pare por um momento, feche os olhos e imagine Miguel ao seu lado, com a mão em seu ombro. Sinta a presença dele acalmando e estabilizando você, um lembrete de que você está seguro. Neste breve momento, reconheça o medo sem se apegar a ele e, em seguida, libere-o na luz de Miguel. Essa prática permite que você retorne a um lugar de calma e clareza sempre que o medo surgir, não importa onde você esteja.

Para fortalecer sua resiliência ao longo do tempo, estabeleça uma prática diária de coragem com a orientação de Miguel. Todas as manhãs, como parte de sua rotina espiritual, invoque-o para infundi-lo com força e coragem. Visualize a energia dele enchendo seu coração, criando uma fonte de coragem que você pode usar ao longo do dia. Este ritual diário serve como uma base, fortalecendo sua força interior e tornando mais fácil enfrentar os desafios sem permitir que o medo se enraíze.

O diário é outra ferramenta poderosa para entender e liberar medos. Escreva abertamente sobre os medos que você experimenta, descrevendo-os em detalhes e refletindo sobre quaisquer padrões que você notar. Peça orientação a Miguel para descobrir as razões mais profundas por trás desses medos e permita que sua escrita flua livremente. À medida que os *insights* surgem, observe quaisquer momentos de clareza ou compreensão que surjam. Esse processo de registro no diário ajuda você a ver seus medos objetivamente, dividindo-os em partes gerenciáveis e tornando mais fácil abordá-los com o apoio de Miguel.

Para completar cada sessão de trabalho com Miguel na superação do medo, reserve um momento para oferecer gratidão. Em sua mente ou em voz alta, diga: "Obrigado, Arcanjo Miguel, por me guiar através dos meus medos, por iluminar o caminho da coragem e por estar ao meu lado." Sinta a luz dele dentro de você, uma fonte permanente de força que o capacita a caminhar em frente com confiança e fé. Essa gratidão encerra a sessão, reafirmando o vínculo que você compartilha com Miguel e reforçando sua intenção de viver além do medo.

Com o tempo, conforme você continua este trabalho com Miguel, você pode notar que medos que antes pareciam intransponíveis perdem seu poder sobre você. A presença dele traz uma sensação de liberdade, uma leveza que vem de saber que você está protegido e apoiado. Este processo de superação do medo não é sobre apagá-lo, mas sobre transformá-lo, aprendendo a ver cada momento de incerteza como uma chance de aprofundar sua conexão com a orientação de Miguel e descobrir a coragem interior.

Com o apoio de Miguel, você constrói uma vida onde o medo não o impede mais, mas serve como um trampolim para o crescimento. Sua energia lembra que a coragem não é a ausência de medo, mas a decisão de seguir em frente com fé. Através de sua presença, você é capacitado a viver com ousadia, a confiar na jornada e a enfrentar cada dia com um coração aberto, resiliente e destemido.

Capítulo 19
Libertando-se de Hábitos Prejudiciais

Com a orientação do Arcanjo Miguel, a jornada de libertação de hábitos prejudiciais torna-se um caminho de liberdade e transformação, um processo que o convida a entrar plenamente em uma vida de saúde, clareza e alinhamento com o seu eu superior. Hábitos prejudiciais, quer se manifestem como comportamentos, padrões de pensamento ou dependências, muitas vezes servem como barreiras que limitam nosso crescimento e drenam nossa energia. A energia poderosa e protetora de Miguel auxilia-o a quebrar esses padrões, ajudando-o a liberar apegos que não lhe servem mais e criando espaço para que escolhas positivas e de afirmação da vida se enraízem.

Seu apoio é firme e inabalável, proporcionando não apenas a coragem para enfrentar esses hábitos com honestidade, mas também a energia para transformar e curar. Ao trabalhar com Miguel, o processo de superação de hábitos prejudiciais não é sobre julgamento ou punição, mas sobre liberar o que não serve mais e abraçar a liberdade que existe do outro lado.

Comece definindo uma intenção clara e compassiva de liberar o hábito que deseja superar. Essa intenção é crucial, pois serve como guia e âncora durante os momentos de desafio. Encontre um espaço tranquilo para se sentar confortavelmente, respire fundo algumas vezes e concentre-se. Invoque Miguel, convidando-o a se juntar a você nesta jornada. Em sua mente ou em voz alta, diga: "Arcanjo Miguel, eu convido sua presença e força para me ajudar a liberar este hábito. Cerque-me com sua luz, apoie-me em minha determinação e ajude-me a encontrar liberdade e paz". Enquanto fala, visualize Miguel diante de você, sua luz azul envolvendo-o com uma energia poderosa e de apoio.

 Uma das maneiras mais eficazes de trabalhar com Miguel na liberação de hábitos prejudiciais é através da visualização. Comece identificando o hábito que deseja liberar. Este hábito pode ser qualquer coisa que drene sua energia, limite seu potencial ou perturbe seu bem-estar, como procrastinação, preocupação excessiva, autocrítica ou dependência de substâncias ou comportamentos. Mantenha este hábito em sua mente, reconhecendo sua presença sem julgamento. Visualize-o como um objeto ou forma, algo tangível que você possa segurar ou ver. Este objeto pode parecer escuro, pesado ou turvo, representando a energia do hábito.

 Agora, imagine colocar este objeto em uma Chama Azul que Miguel criou diante de você. Esta chama brilha com uma luz azul vibrante e pura, uma luz que tem o poder de limpar e transformar. Veja o hábito se dissolvendo ao tocar a chama, quebrando-se em partículas de luz que flutuam para longe, deixando para trás apenas uma sensação de clareza e leveza. Essa visualização simboliza a liberação do controle do hábito sobre você, um abandono de sua energia e influência. A cada respiração, sinta mais do hábito se dissolvendo, seu controle sobre você se afrouxando, até que a chama o tenha purificado completamente.

Para aprofundar essa liberação, use afirmações para reforçar sua intenção. As afirmações criam uma nova estrutura mental que apoia seu desejo de ir além do hábito. Diga frases como: "Estou livre deste hábito", "Sou forte e capaz de mudanças positivas" ou "Com o apoio de Miguel, abraço meu potencial máximo". Deixe cada afirmação ressoar profundamente dentro de você, substituindo os velhos padrões por crenças fortalecedoras. Essas afirmações não são simplesmente palavras; são declarações de seu compromisso com a transformação, declarações que convidam a energia de Miguel para fortalecer sua determinação.

Para hábitos enraizados em gatilhos emocionais, considere trabalhar com a Espada de Luz de Miguel. Os apegos emocionais muitas vezes nos ligam a hábitos prejudiciais, criando ciclos difíceis de quebrar. Visualize Miguel ao seu lado, sua espada brilhando com uma chama azul-branca pura. Em sua mente, identifique quaisquer apegos emocionais ou gatilhos que contribuam para o hábito, talvez enraizados no estresse, em dores passadas ou em sentimentos não resolvidos. Imagine esses apegos como cordas conectadas a você, cada uma representando um elo que o prende ao hábito.

Com compaixão e clareza, veja a espada de Miguel cortando suavemente cada corda, libertando-o dos laços emocionais que o prendem ao hábito. À medida que cada corda se dissolve, sinta um peso se elevando, uma sensação de liberdade se expandindo dentro de você. A espada de Miguel não corta suas emoções, mas sim o liberta de padrões que não são mais úteis. Essa prática permite que você reconheça e honre suas emoções sem ser limitado por elas, criando espaço para respostas e comportamentos mais saudáveis.

Se você sentir desejos ou impulsos relacionados ao hábito, use a respiração como uma forma de se concentrar e se firmar. Quando o desejo surgir, pare, feche os olhos e respire fundo, visualizando a luz azul de Miguel entrando em seu corpo a cada inspiração. Ao expirar, libere o desejo ou impulso em sua luz, imaginando-o se dissolvendo completamente. Continue essa respiração até sentir uma sensação de calma e controle retornando. Essa respiração cria um momento de atenção plena, quebrando a resposta automática ao desejo e permitindo que a energia de Miguel o guie de volta a um lugar de paz.

Em momentos de vulnerabilidade ou tentação, o Escudo Azul de Proteção pode ser um aliado poderoso. Visualize este escudo ao seu redor, uma barreira protetora que mantém as energias e impulsos indesejados afastados. Este escudo atua como uma fronteira, ajudando-o a manter seu foco e determinação. Imagine Miguel reforçando este escudo com sua luz, tornando-o resiliente e inquebrável. Cada vez que você visualiza este escudo, você se lembra de sua força e compromisso, um sinal visível do apoio de Miguel que o acompanha onde quer que você vá.

Para hábitos que parecem profundamente enraizados, considere estabelecer uma rotina diária de definição de intenção com Miguel. Todas as manhãs, invoque-o para ajudá-lo a se manter forte e alinhado com seu objetivo. Comece o dia colocando a mão sobre o coração, respirando fundo e dizendo: "Arcanjo Miguel, dedico este dia à liberdade de [nome do hábito]. Caminhe comigo, apoie-me e ajude-me a fazer escolhas que sirvam ao meu eu superior". Este ritual de definição de intenção serve como uma âncora diária, uma prática que o fundamenta em seu propósito e convida a orientação de Miguel ao longo do dia.

Escrever também pode ser uma ferramenta poderosa para entender e liberar hábitos prejudiciais. Comece um diário dedicado à sua jornada de transformação, usando-o para explorar as raízes do hábito, refletir sobre seu progresso e acompanhar os momentos de crescimento. Peça insights a Miguel, anotando quaisquer sentimentos, pensamentos ou imagens que surjam. Este diário se torna um lugar de cura, um espaço onde você pode testemunhar sua jornada sem julgamento e reconhecer cada passo adiante, por menor que seja.

Se o hábito faz parte de sua vida há muito tempo, aborde-o com compaixão e paciência. Os hábitos geralmente se formam ao longo de anos, e quebrá-los é um processo gradual. A energia de Miguel encoraja a autocompaixão, um lembrete de que a transformação é uma jornada, não um evento da noite para o dia. Em momentos de frustração ou autocrítica, invoque a compaixão de Miguel, permitindo que sua luz alivie quaisquer sentimentos de culpa ou decepção. A cada contratempo, a presença de Miguel oferece um lembrete de que cada esforço, cada pequena escolha em direção à mudança, é um passo em direção à liberdade.

À medida que você progride, celebre cada marco, por menor que seja. Reconheça cada dia em que você se alinha com sucesso à sua intenção, permitindo-se sentir orgulho do progresso que está fazendo. A energia de Miguel não é apenas de proteção, mas de empoderamento, uma força que o eleva e o encoraja a ver a força interior. Cada passo adiante é uma prova de seu compromisso, um reflexo de sua disposição de abraçar a mudança positiva.

Para concluir cada sessão de trabalho com Miguel na liberação de hábitos prejudiciais, reserve um momento para oferecer gratidão. Em sua mente ou em voz alta, diga: "Obrigado, Arcanjo Miguel, por sua orientação, força e apoio. Eu honro esta jornada e abraço a liberdade que me espera". Sinta a luz dele dentro de você, uma fonte de força e segurança contínuas. Essa gratidão encerra a sessão, afirmando seu compromisso e reforçando sua conexão com a energia dele.

À medida que você continua esta jornada com Miguel, você pode notar uma mudança gradual — uma leveza, uma clareza e uma sensação de liberdade que cresce a cada dia. A presença dele fornece uma base de coragem, permitindo que você libere o que não lhe serve mais e abrace uma vida alinhada com seu verdadeiro eu. A cada passo, você se lembra de que é apoiado, protegido e totalmente capaz de transformação.

Superar hábitos prejudiciais com a orientação de Miguel é um caminho de autodescoberta, um processo que revela sua resiliência interior e compromisso com o crescimento. Sua energia o capacita a enfrentar cada desafio com confiança, a confiar em sua capacidade de mudança e a caminhar com um coração aberto, livre e alinhado com a verdade mais elevada. Por meio desta jornada, você não apenas libera o que o impede, mas também descobre o potencial ilimitado interior, uma vida fortalecida pela escolha, coragem e apoio inabalável de Miguel.

Capítulo 20
Manifestando Objetivos com Miguel

Manifestar seus objetivos com a orientação do Arcanjo Miguel é um processo empoderador que combina alinhamento espiritual com intenção prática, permitindo que você traga seus desejos e aspirações mais profundos para a realidade. A energia de Miguel é de força, clareza e propósito divino, qualidades que o tornam um aliado inestimável no processo de manifestação. Com o apoio dele, você aprende a canalizar suas intenções através de uma lente de integridade, transformando sonhos em resultados tangíveis e alcançáveis.

Através da orientação de Miguel, a jornada da manifestação se torna não apenas uma busca por objetivos pessoais, mas um ato de alinhamento com seu caminho mais elevado. Trabalhar com Miguel para manifestar seus objetivos significa infundir cada intenção com propósito, um compromisso de servir tanto ao seu eu superior quanto ao bem maior. A abordagem de Miguel para a manifestação incentiva um equilíbrio entre intenção e ação, ensinando você a confiar no processo, enquanto também dá passos práticos em direção aos seus desejos.

Para começar, é essencial identificar seus objetivos com clareza. Sente-se em um espaço tranquilo onde possa refletir e sintonizar seus desejos interiores. Respire fundo algumas vezes, centralizando-se, e invoque Miguel para guiar essa reflexão. Em sua mente ou em voz alta, diga:

"Arcanjo Miguel, eu peço sua presença para me ajudar a esclarecer meus verdadeiros objetivos. Revele-me os desejos que se alinham com meu caminho mais elevado."

Ao falar, sinta a energia de Miguel ao seu redor, uma luz azul calmante que traz paz à sua mente e clareza ao seu coração. Com a presença de Miguel ao seu lado, permita que sua mente se acomode em um estado reflexivo.

Comece a considerar quais objetivos ou desejos parecem mais genuínos e significativos para você. Eles podem estar relacionados à sua carreira, relacionamentos, saúde, crescimento pessoal ou caminho espiritual. À medida que cada objetivo surge em sua mente, pergunte-se se ele se alinha com seu verdadeiro eu, se ele parece expansivo, energizante e proposital. A presença de Miguel ajuda você a distinguir desejos enraizados em um propósito verdadeiro daqueles moldados por desejos fugazes ou pressões externas.

Depois de identificar um objetivo que pareça alinhado, escreva-o, capturando-o em uma linguagem clara e simples. Esta declaração escrita se torna uma âncora para sua intenção, uma representação física de seu desejo. Enquanto você escreve, visualize Miguel ao seu lado, sua energia infundindo suas palavras com força e clareza, reforçando seu compromisso com este objetivo. Sinta a luz dele amplificando sua intenção, transformando-a em uma energia focada que ressoa em todo o seu ser.

Para iniciar o processo de manifestação, crie uma visão do seu objetivo como se ele já estivesse realizado. Feche os olhos e, em sua mente, visualize a realização deste objetivo em detalhes vívidos. Imagine-se no momento em que seu desejo se tornou realidade. Observe os sentimentos de alegria, gratidão e satisfação que surgem dentro de você. Visualize a luz azul de Miguel envolvendo esta visão, iluminando-a com sua proteção e força.

Esta visão é mais do que um exercício mental; é um alinhamento energético, um momento em que você se conecta com a realidade do seu objetivo e traz sua energia para sua experiência presente. Para fundamentar essa visão na realidade, use afirmações que expressem sua fé em sua manifestação.

Exemplos incluem:

"Estou alinhado com meu caminho e propósito mais elevados."

"Sou digno de realizar meus sonhos com a orientação de Miguel."

"Meus objetivos se desenrolam com graça e tempo divino."

Fale essas afirmações todos os dias, permitindo que elas reforcem sua crença em sua capacidade de manifestar seus desejos. Cada afirmação atua como uma ponte, trazendo seu objetivo do reino do pensamento para o reino da realidade, apoiado pela energia de Miguel.

Além da visualização e afirmação, uma prática poderosa para manifestar com a orientação de Miguel é a Chama Azul da Ação Intencional. Esta chama representa a energia tanto da intenção quanto da ação, um equilíbrio entre visão e passos concretos.

Visualize uma chama azul na sua frente, sua luz firme e vibrante. Nesta chama, coloque a essência do seu objetivo, vendo-o como um símbolo que representa seu desejo – talvez um objeto, palavra ou cor que ressoe com você. Ao colocar este símbolo na chama, sinta-o se transformando, absorvendo o poder da energia de Miguel.

Agora, peça orientação a Miguel sobre as ações que trarão este objetivo à realidade. Em sua mente ou em voz alta, diga:

"Arcanjo Miguel, revele os passos que devo dar para manifestar este objetivo. Guie-me em direção às escolhas que darão vida a esta visão."

Abra-se a quaisquer impressões, pensamentos ou ideias que surjam. A orientação de Miguel pode vir como toques sutis, sentimentos ou percepções que o levam a ações específicas. Confie nesses insights, sabendo que a sabedoria de Miguel o alinha com o caminho que melhor apoia seu objetivo.

Para reforçar seu compromisso, use a Espada da Clareza de Miguel para cortar quaisquer dúvidas, distrações ou crenças limitantes que possam impedir seu progresso. Visualize Miguel ao seu lado, segurando sua espada com sua lâmina brilhando em luz azul. Veja-o usando esta espada para cortar quaisquer pensamentos ou energias que criem dúvida, medo ou hesitação. A cada corte, sinta-se se libertando dessas limitações, um peso sendo retirado enquanto a espada de Miguel abre caminho para que suas intenções fluam sem obstrução.

Em momentos de incerteza ou desafio, invoque o Escudo de Resiliência de Miguel para proteger e apoiar seus esforços. Manifestar objetivos frequentemente requer perseverança, um compromisso constante que resiste a contratempos e dúvidas. Visualize um escudo azul ao seu redor, uma fronteira de força que mantém o desânimo e a negatividade afastados.

Imagine Miguel reforçando este escudo, tornando-o resiliente e impenetrável. Este escudo se torna uma fonte de coragem, um lembrete de que a energia de Miguel está com você, guiando-o para frente, mesmo quando surgem desafios.

Uma parte importante do processo de manifestação é praticar a gratidão por cada passo do progresso. A gratidão é uma força poderosa que reforça sua conexão com a energia de Miguel e amplifica o fluxo da manifestação.

No final de cada dia, reserve um momento para refletir sobre quaisquer pequenos passos ou sinais de progresso relacionados ao seu objetivo. Ofereça gratidão por cada um desses momentos, reconhecendo-os como sinais de que seu objetivo está se desenrolando. Em sua mente ou em voz alta, diga:

"Obrigado, Arcanjo Miguel, por me guiar para mais perto dos meus sonhos e pelas bênçãos ao longo do caminho."

Esta gratidão afirma sua confiança no processo, convidando mais oportunidades e alinhamento.

Mantenha um diário de manifestação, um espaço dedicado para registrar suas intenções, insights e marcos. Use este diário para capturar quaisquer ideias ou orientações que Miguel forneça, anotando ações específicas ou percepções que surgirem.

Finalmente, lembre-se de permanecer aberto ao tempo divino. A manifestação é um processo que se desenrola não apenas através de seus esforços, mas também através do alinhamento das energias universais.

Confie que a orientação de Miguel traz cada passo adiante no momento certo, mesmo que o progresso pareça gradual. Seja paciente, sabendo que cada intenção, visualização e ação está contribuindo para a realização do seu objetivo.

Ao final de cada sessão de manifestação, ofereça gratidão a Miguel por sua orientação, força e apoio. Diga:

"Obrigado, Arcanjo Miguel, por caminhar comigo neste caminho, por sua luz que guia cada passo meu e por me ajudar a tornar meus sonhos realidade."

A presença dele o guia para criar uma vida que reflita seu verdadeiro eu – uma vida de propósito, alegria e realização.

Capítulo 21
Cultivando a Paz Interior

Cultivar a paz interior com a orientação do Arcanjo Miguel é uma jornada ao coração, um processo que envolve liberar ansiedades, aquietar a mente e conectar-se com um senso mais profundo de harmonia interior. A presença de Miguel é uma poderosa força estabilizadora, oferecendo proteção não apenas contra a negatividade externa, mas também contra os conflitos internos e medos que perturbam nosso equilíbrio interior. Ao convidar sua energia calma e constante para sua vida, você aprende a estabelecer uma base de serenidade, um lugar de refúgio dentro de si que permanece constante, independentemente das circunstâncias externas.

A paz interior, como Miguel ensina, não é a ausência de desafios, mas um estado constante de resiliência e aceitação. É uma força que irradia de dentro, capacitando você a enfrentar a vida com confiança, mesmo em momentos de incerteza. Essa paz é uma âncora que o sustenta, ajudando-o a abordar cada dia com clareza, compaixão e coragem. Ao trabalhar com Miguel para cultivar essa paz, você constrói um santuário interior, um espaço sagrado onde sua luz ilumina cada canto do seu ser, trazendo calma tanto para o coração quanto para a mente.

Comece criando uma prática diária de quietude, um tempo reservado para se conectar com Miguel e se firmar em sua energia calmante. Encontre um espaço tranquilo onde você possa se sentar confortavelmente e reserve alguns momentos para se acalmar. Feche os olhos e respire fundo algumas vezes, cada vez mais lento e profundo que o anterior. A cada expiração, libere qualquer tensão, estresse ou pensamentos persistentes, permitindo-se mergulhar totalmente neste momento. Enquanto respira, invoque Miguel, convidando sua presença para se juntar a você. Em sua mente ou em voz alta, diga: "Arcanjo Miguel, peço que sua paz me preencha. Cerque-me com sua calma, firme meu espírito e ajude-me a encontrar meu centro".

Visualize Miguel aparecendo diante de você, sua figura irradiando uma luz azul tranquila que o envolve como uma onda suave. Sinta essa luz se movendo através de seu corpo, dissolvendo qualquer tensão restante, acalmando cada pensamento acelerado e trazendo uma profunda sensação de calma. Essa luz azul preenche cada célula, criando uma sensação de amplitude interior, uma sensação de ser amparado e apoiado. Permita-se descansar nessa luz, absorvendo a energia pacífica de Miguel, sentindo seu coração e mente se tornarem quietos e firmes.

Ao se conectar com a presença de Miguel, você pode notar áreas internas onde a ansiedade ou o medo persistem. Em vez de resistir a esses sentimentos, reconheça-os gentilmente, convidando a luz de Miguel a tocar esses lugares. Sua energia não é de supressão, mas de transformação, uma força que permite liberar o que perturba sua paz. Visualize quaisquer ansiedades ou preocupações como nuvens escuras dentro de você, cada uma sendo uma coleção de pensamentos ou sentimentos que criam turbulência interna. A cada respiração, veja essas nuvens se dissolvendo, desaparecendo na luz azul de Miguel, até que reste apenas um espaço claro e pacífico.

Para reforçar esse estado de paz, use afirmações que ancorem a energia de Miguel em seu coração e mente. Afirmações como: "Estou preenchido com a paz e a força de Miguel", "Meu coração está calmo e firme" e "Eu libero todas as preocupações aos cuidados de Miguel" servem como lembretes de sua conexão com a energia dele. Diga essas afirmações em voz alta ou silenciosamente, permitindo que cada palavra ressoe profundamente, estabelecendo-se em sua consciência. Com o tempo, essas afirmações se tornam mais do que palavras; elas se tornam uma estrutura que sustenta sua paz, uma base mental que o mantém alinhado com a presença calma de Miguel.

Em momentos em que você encontrar estresse ou caos, visualize o Escudo Azul de Miguel ao seu redor, uma barreira que impede que as perturbações entrem em seu espaço interior. Veja este escudo como uma esfera azul radiante que o envolve completamente, uma fronteira que absorve e dissolve quaisquer energias disruptivas antes que elas possam alcançá-lo. Este escudo não é uma fuga do mundo, mas uma ferramenta que permite que você se envolva com a vida a partir de um lugar de calma resiliência. Com este escudo no lugar, sinta uma renovada sensação de confiança e paz, sabendo que a proteção de Miguel o cerca, permitindo que você responda à vida em vez de reagir.

Uma das maneiras mais profundas de cultivar a paz interior com Miguel é através da respiração centrada no coração. Coloque a mão sobre o coração e, ao respirar, visualize cada inspiração trazendo a luz azul de Miguel, enchendo seu peito com calor e tranquilidade. A cada expiração, libere quaisquer preocupações ou estresse persistentes, permitindo que se dissolvam no ar. Essa prática simples o conecta com o ritmo do seu próprio coração, um centro de amor e calma que a energia de Miguel amplifica. Cada respiração atrai a paz dele mais profundamente em seu ser, transformando seu coração em um reservatório de serenidade que você pode acessar a qualquer momento.

Além dessas técnicas, a meditação com a presença de Miguel é uma ferramenta poderosa para a paz interior. Durante a meditação, visualize-se em pé ao lado de um lago tranquilo, com Miguel ao seu lado. A superfície da água está perfeitamente parada, refletindo o céu acima, um símbolo da calma que reside dentro de você. Imagine a mão de Miguel em seu ombro, sua energia fluindo para você, firmando-o neste momento de perfeita paz. Com sua orientação, permita que quaisquer pensamentos ou emoções que surjam passem como ondulações na superfície da água, observando-os sem apego. Esta meditação ensina você a encontrar paz na quietude, a testemunhar seu mundo interior sem ser influenciado por seus movimentos.

Para aqueles momentos em que você precisa de um rápido ancoramento, recorra à Espada da Clareza de Miguel. Visualize esta espada cortando quaisquer pensamentos caóticos ou intrusivos, abrindo um espaço em sua mente onde a paz possa se estabelecer. Imagine Miguel ao seu lado, usando sua espada para criar um caminho claro, um espaço mental livre de distrações ou preocupações. Essa clareza permite que você se concentre novamente, retorne ao momento presente com uma mente calma e firme.

Outra prática poderosa é a gratidão, um estado que convida a paz ao coração, mudando o foco da preocupação para a apreciação. No final de cada dia, reserve alguns momentos para refletir sobre as bênçãos em sua vida, por menores que sejam. Ofereça gratidão a Miguel por sua orientação, proteção e apoio inabalável. Em sua mente ou em voz alta, diga: "Obrigado, Arcanjo Miguel, pela paz que você traz à minha vida. Sou grato por sua presença e pela calma que preenche meu coração". Esta prática reforça sua conexão com Miguel, lembrando-o da beleza e do apoio que o cercam, uma fonte de paz que está sempre ao seu alcance.

Se você perceber que certas situações ou ambientes frequentemente perturbam sua paz, estabeleça o hábito de se preparar com a energia de Miguel antes de entrar neles. Antes de entrar nesses espaços, visualize o Escudo Azul de Miguel ao seu redor e diga uma breve oração ou intenção, como: "Arcanjo Miguel, proteja minha paz enquanto me movo por este espaço. Ajude-me a permanecer calmo e firme, guiado por sua presença". Esta preparação serve como uma armadura energética, uma maneira de carregar a paz de Miguel com você, garantindo que sua calma interior permaneça inabalável.

Para sustentar a paz interior ao longo do tempo, considere criar um espaço dedicado à presença de Miguel em sua casa. Pode ser um pequeno altar com uma vela azul, um cristal como selenita ou ametista, ou uma imagem de Miguel. Use este espaço como um local de refúgio, um santuário onde você pode se reconectar com sua energia sempre que necessário. Cada vez que você visitar este espaço, acenda a vela e reserve alguns momentos para se sentar em silêncio, permitindo que a paz de Miguel o preencha. Este espaço físico se torna um símbolo do seu compromisso com a paz interior, um lembrete de que a energia de Miguel está sempre disponível para você.

À medida que você cultiva a paz interior com a orientação de Miguel, você pode notar uma mudança dentro de si mesmo — uma resiliência que lhe permite enfrentar os desafios da vida com um coração calmo e uma mente firme. A energia de Miguel serve como uma base, uma fonte de força que o sustenta, ajudando-o a permanecer centrado mesmo em meio à incerteza. Essa paz interior não é apenas um estado de espírito, mas um estado de ser, uma qualidade que transforma a maneira como você se move pelo mundo.

No final de cada prática, ofereça gratidão a Miguel por sua presença e seu presente de paz. Em sua mente ou em voz alta, diga: "Obrigado, Arcanjo Miguel, por me guiar à paz, por sua luz que acalma meu coração e protege minha mente. Que eu possa carregar essa paz dentro de mim, sempre". Esta expressão de gratidão completa a prática, afirmando sua conexão com Miguel e seu compromisso de cultivar a paz.

Por meio desta jornada com Miguel, a paz interior se torna mais do que uma experiência passageira; torna-se um modo de vida, uma força que está entrelaçada na estrutura do seu ser. Sua presença ensina que a paz não é algo a ser encontrado, mas algo a ser cultivado, um estado que cresce a cada momento de calma, a cada respiração, a cada ato de compaixão. Com a orientação de Miguel, você é capacitado a viver a partir de um lugar de paz, a abordar cada dia com um coração aberto, uma mente clara e um espírito profundamente enraizado na serenidade.

Este caminho para a paz interior com Miguel transforma não apenas seu mundo interior, mas suas interações com o mundo ao seu redor. Ao caminhar em sua luz, você traz uma sensação de calma a tudo o que toca, irradiando sua paz para aqueles que você encontra, criando uma onda de harmonia que se estende muito além de você. Este é o presente da orientação de Miguel — uma vida ancorada na paz, um coração aliviado e uma alma alinhada com a força silenciosa de sua presença eterna.

Capítulo 22
Conectando-se com a Hierarquia Angélica

Conectar-se com a hierarquia angélica, sob a orientação do Arcanjo Miguel, abre um caminho para uma profunda rede de apoio de seres divinos que existem para auxiliar, proteger e guiar a humanidade. Miguel, conhecido como o protetor e líder entre os anjos, serve como uma ponte para outros membros desta hierarquia celestial. Sua presença apresenta a você uma rede de anjos com funções especializadas, cada um contribuindo com energias e dons únicos para ajudá-lo em sua jornada espiritual. Através desta conexão, você constrói um relacionamento com uma presença angélica maior, ganhando acesso à sabedoria, cura e discernimento que vão além das necessidades individuais e tocam em um alinhamento mais profundo com a vontade divina.

O papel de Miguel em facilitar sua conexão com a hierarquia angélica é o de guardião e guia. Ele garante que essas interações ocorram dentro de um espaço sagrado e protegido, onde apenas energias alinhadas com o seu bem maior podem entrar. Com seu apoio, você é capacitado a explorar e compreender os papéis de diferentes anjos, cada um dos quais traz uma energia que complementa a força de Miguel.

Comece definindo uma intenção de se conectar com a hierarquia angélica. Encontre um espaço tranquilo onde você possa sentar-se confortavelmente e relaxar. Feche os olhos, respire fundo várias vezes e permita que qualquer tensão ou preocupação se dissolva. A cada expiração, sinta-se ancorando no momento presente, criando um espaço calmo e aberto interior. Chame Miguel para se juntar a você, pedindo-lhe que atue como seu guia e protetor durante esta sessão. Em sua mente ou em voz alta, diga: "Arcanjo Miguel, peço sua presença e orientação. Cerque-me com sua luz e proteja este espaço enquanto me abro à hierarquia angélica. Guie-me para me conectar com os anjos que servem ao meu bem maior."

Ao invocar Miguel, visualize sua radiante luz azul cercando você, um escudo que cria um espaço sagrado para você se conectar com a hierarquia. Sinta sua presença estabilizando e protegendo você, garantindo que apenas energias benevolentes estejam presentes. Essa proteção é essencial ao trabalhar com o reino angélico, pois garante que cada conexão que você faz seja pura, alinhada e benéfica.

Com a orientação de Miguel, reserve um momento para se concentrar nos anjos com os quais deseja se conectar. Cada anjo dentro da hierarquia tem um papel único e uma assinatura energética. Alguns anjos trazem mensagens de cura, outros oferecem sabedoria e alguns se especializam em proteção, criatividade ou orientação em transições. Se você tiver uma necessidade ou pergunta específica, peça a Miguel para guiá-lo ao anjo mais adequado para apoiá-lo nessa área. Caso contrário, simplesmente abra-se aos anjos que estão alinhados com seu propósito mais elevado neste momento.

Um dos anjos mais acessíveis dentro da hierarquia é o Arcanjo Rafael, o anjo da cura. Para se conectar com Rafael, traga sua atenção para o seu coração, permitindo-se respirar lenta e suavemente. Visualize uma suave luz verde cercando você, uma energia quente e calmante que traz cura para o corpo e a mente. Em sua mente ou em voz alta, diga: "Arcanjo Rafael, convido sua presença curadora para me cercar. Traga sua luz para o meu ser e guie-me em direção à integridade." Ao invocar Rafael, sinta sua energia preenchendo você com uma sensação de conforto e paz, um bálsamo que acalma e renova.

Outra presença poderosa dentro da hierarquia é o Arcanjo Gabriel, o anjo da comunicação e da criatividade. Gabriel traz clareza, ajudando você a se expressar autenticamente e a se alinhar com seu propósito criativo. Para se conectar com Gabriel, concentre-se em seu chacra laríngeo, o centro da comunicação, e visualize uma luz branca pura nesta área. Diga: "Arcanjo Gabriel, convido sua sabedoria e clareza. Guie minhas palavras, inspire minha criatividade e ajude-me a expressar minha verdade." Ao invocar Gabriel, sinta uma sensação de abertura em sua garganta e mente, um canal claro através do qual ideias, palavras e inspiração podem fluir livremente.

Se você busca transformação ou apoio durante a mudança, invoque o Arcanjo Uriel, o anjo da sabedoria e da iluminação. A energia de Uriel ajuda a trazer discernimento em tempos de transição, oferecendo compreensão e a coragem para liberar o que não serve mais. Visualize uma luz dourada cercando você, iluminando sua mente e coração. Diga: "Arcanjo Uriel, convido sua orientação e iluminação. Ajude-me a ver com clareza, a entender profundamente e a abraçar a transformação." Com a presença de Uriel, você pode sentir uma mudança sutil de perspectiva, uma nova clareza que traz sabedoria e coragem para o caminho a seguir.

Ao se conectar com esses anjos, permita-se notar quaisquer sentimentos, imagens ou palavras que surjam. A energia de cada anjo carrega uma assinatura única, uma presença distinta que ressoa de uma maneira específica. A energia de Miguel, por exemplo, muitas vezes parece protetora e forte, enquanto a de Rafael é calmante e nutridora, e a de Gabriel é edificante e esclarecedora. Reserve um tempo para sintonizar-se com a presença de cada anjo, confiando em sua intuição para reconhecer essas diferenças. Ao se familiarizar com suas energias únicas, você constrói um relacionamento que lhe permite invocá-los com maior facilidade e confiança.

Para aprofundar esse relacionamento, crie uma prática diária de convidar a hierarquia angélica para sua vida. Todas as manhãs, chame Miguel para se juntar a você, estabelecendo um espaço sagrado para a conexão. Em seguida, reserve um momento para convidar os anjos que ressoam com você para cercá-lo e apoiá-lo ao longo do dia. Você pode dizer: "Arcanjo Miguel, guie-me e proteja este dia. Arcanjo Rafael, traga cura e paz.

Arcanjo Gabriel, inspire clareza e criatividade. Arcanjo Uriel, conceda-me sabedoria e discernimento." Esta prática diária reforça sua conexão com a hierarquia, criando um fluxo consistente de apoio angélico em todos os aspectos de sua vida.

Para uma experiência mais profunda, use a meditação guiada para explorar as energias de diferentes anjos dentro da hierarquia. Em um estado de calma e quietude, visualize-se entrando em um belo jardim ou espaço sagrado. Neste espaço, veja Miguel ao seu lado, guiando você para encontrar cada anjo. Permita que cada presença se aproxime, sentindo sua energia e presença únicas. Observe quaisquer impressões, cores ou sensações que surgirem. Esta prática meditativa constrói familiaridade com a energia de cada anjo, criando um vínculo que se fortalece com o tempo.

Ao trabalhar com a hierarquia angélica, lembre-se de que cada anjo carrega não apenas dons específicos, mas também lições e qualidades que podem apoiar seu crescimento. Por exemplo, a cura de Rafael é frequentemente acompanhada de lições de autocuidado e compaixão, enquanto a comunicação de Gabriel pode encorajá-lo a falar a sua verdade. Aproxime-se de cada interação com abertura, permitindo que cada anjo transmita não apenas seu apoio, mas também insights que enriqueçam sua jornada.

Para concluir cada sessão, ofereça gratidão a cada anjo que se juntou a você. Em sua mente ou em voz alta, diga: "Obrigado, Arcanjos Miguel, Rafael, Gabriel, Uriel e todos os anjos de luz, por sua orientação, proteção e amor. Sou grato por sua presença em minha vida." Essa gratidão reafirma sua conexão com a hierarquia, um lembrete do apoio que está sempre disponível para você.

Com o tempo, à medida que você continua a se conectar com a hierarquia angélica, você pode encontrar um senso mais profundo de orientação e propósito emergindo dentro de você. Os anjos se tornam aliados familiares, companheiros em seu caminho que oferecem sabedoria, proteção e amor a cada passo. Através desse relacionamento, você não apenas obtém discernimento e apoio, mas também aprofunda sua compreensão de sua própria natureza espiritual, as qualidades dentro de você que ressoam com cada presença angélica.

A conexão com a hierarquia angélica, liderada pela orientação de Miguel, transforma sua jornada, imbuindo-a com um senso de companheirismo e propósito divinos. Através de suas energias, você é lembrado de que nunca está sozinho, que cada desafio e bênção é compartilhado com uma rede de seres celestiais que desejam o seu bem maior. Com Miguel como seu guia, você tem acesso a uma riqueza de apoio angélico, um recurso que enriquece sua vida, capacita seu crescimento e ilumina seu caminho.

Através desta conexão contínua, você constrói uma vida infundida com apoio e orientação divinos, uma jornada onde os anjos caminham com você, elevam você e o inspiram a viver plenamente e sem medo. Essa conexão com a hierarquia não é apenas um presente, mas uma parceria — um lembrete de que o próprio universo está cheio de seres de luz que celebram seu progresso e oferecem seu apoio inabalável. Em sua presença, você encontra não apenas proteção e sabedoria, mas uma paz profunda que vem de saber que você é amado, guiado e eternamente conectado ao divino através da hierarquia angélica.

Capítulo 23
Ritual de Consagração a Miguel

Consagrar-se ao Arcanjo Miguel é um profundo ato de dedicação, um compromisso de trilhar um caminho alinhado com a coragem divina, proteção e verdade. Este ritual de consagração é uma cerimônia sagrada que aprofunda sua conexão com Miguel, formalizando um laço que convida a energia dele para todos os aspectos da sua vida. Através desta consagração, você estabelece Miguel como uma presença guia, um guardião da sua jornada e uma fonte de força, sabedoria e luz. Este ritual marca um limiar, um momento de compromisso onde você convida Miguel a se tornar um companheiro constante em seu caminho espiritual, oferecendo sua orientação, proteção e bênçãos em tudo o que você faz.

O propósito desta consagração é afirmar sua intenção de viver em alinhamento com as qualidades de Miguel – integridade, bravura e uma dedicação à verdade mais elevada. Ao se comprometer com a orientação dele, você se torna um receptáculo para a luz dele, uma expressão de suas qualidades no mundo. Esta consagração não se trata de entregar o controle, mas de se abrir ao apoio de Miguel, confiando que a presença dele o guiará em direção ao seu propósito e potencial mais elevados. Através deste ritual, você se compromete a incorporar a energia dele, a agir com honra e coragem, e a buscar a verdade em todas as coisas.

Para iniciar este ritual sagrado, encontre um espaço tranquilo e sem perturbações onde você se sinta seguro e em paz. Prepare itens que ressoem com a energia de Miguel, como uma vela azul ou branca, um pedaço de quartzo transparente ou lápis-lazúli e uma pequena tigela com água. Estes itens servem como símbolos da presença dele, ancorando sua energia no reino físico. Organize-os cuidadosamente, criando um altar que honre sua luz. Você também pode querer usar roupas brancas ou azuis, cores associadas à pureza e à energia protetora de Miguel, como um gesto adicional de respeito e alinhamento.

Uma vez que seu espaço esteja preparado, sente-se confortavelmente e concentre-se com algumas respirações profundas. Ao inspirar, visualize a luz azul de Miguel preenchendo você e, ao expirar, libere quaisquer distrações ou pensamentos que não sirvam a este momento. Quando se sentir calmo e focado, chame Miguel para se juntar a você. Em sua mente ou em voz alta, diga: "Arcanjo Miguel, eu o convido para este espaço sagrado. Cerque-me com sua luz, sua proteção e sua força. Abro meu coração a você e me dedico a trilhar um caminho em alinhamento com sua energia."

Ao chamar Miguel, visualize a presença dele diante de você, radiante e forte, cercado por uma poderosa aura azul. Sinta a energia dele preenchendo o espaço, trazendo uma sensação de calma, segurança e apoio inabalável. Este é um momento de comunhão, um encontro de energias onde seu espírito se conecta com a luz dele de uma forma profunda e duradoura. Permita-se estar totalmente presente, aberto à sua orientação e proteção, e preparado para firmar seu compromisso com este caminho sagrado.

Para formalizar sua consagração, acenda a vela azul ou branca, um símbolo da luz eterna e proteção de Miguel. Ao acender a vela, diga: "Arcanjo Miguel, acendo esta vela em sua homenagem. Que sua chama reflita sua luz em meu coração, um farol que me guia na verdade, coragem e força. Eu me consagro ao seu caminho e convido sua presença para me guiar em tudo o que faço." Visualize a chama da vela crescendo mais forte, sua luz preenchendo o ambiente, representando o início de sua jornada sob a orientação de Miguel.

Em seguida, segure o pedaço de cristal ou pedra em sua mão, permitindo que ele sirva como uma âncora física para a energia de Miguel em sua vida. Concentre-se na intenção por trás de sua consagração, nas qualidades que você deseja incorporar com a ajuda de Miguel e nas maneiras como você busca sua orientação. Diga: "Arcanjo Miguel, consagro este cristal como um símbolo de nossa ligação. Que ele guarde sua força, proteção e sabedoria, um lembrete do meu compromisso de caminhar com você em luz e integridade." Visualize a energia de Miguel fluindo para o cristal, carregando-o com sua presença, transformando-o em um talismã sagrado que você pode carregar consigo ou colocar em seu altar.

Para aprofundar sua consagração, use a Espada de Luz de Miguel como um símbolo de sua dedicação à verdade e à coragem. Feche os olhos e visualize Miguel entregando sua espada a você, sua lâmina brilhando com uma luz azul-branca. Esta espada representa suas qualidades de proteção e integridade, uma ferramenta que você carregará consigo em espírito para guiar suas ações. Imagine-se segurando esta espada, sentindo seu peso e força em suas mãos, uma representação da coragem e da verdade que você se compromete a incorporar.

Diga: "Arcanjo Miguel, com sua espada de luz, comprometo-me a viver na verdade, a buscar a justiça e a proteger aqueles que não podem se proteger. Que esta espada seja um símbolo do meu compromisso de trilhar um caminho de coragem e integridade." Enquanto você fala, visualize a espada se tornando una com sua energia, fundindo-se com seu espírito, um símbolo permanente de sua consagração ao caminho de Miguel. Este ato é um voto de defender suas qualidades, um compromisso de carregar sua luz dentro de você enquanto você se move pelo mundo.

Em seguida, pegue a tigela de água, um símbolo de purificação e renovação. Coloque suas mãos sobre ela e, em sua mente ou em voz alta, diga: "Arcanjo Miguel, abençoo esta água com sua luz. Que ela me limpe, me renove e lave tudo o que não serve mais ao meu caminho mais elevado." Mergulhe os dedos na água e toque suavemente sua testa, coração e palmas das mãos, convidando a energia de Miguel para purificá-lo em mente, corpo e espírito. Esta água serve como uma limpeza simbólica, uma maneira de liberar quaisquer energias passadas, dúvidas ou medos que possam tê-lo impedido, permitindo que você comece este novo caminho com um coração claro e aberto.

Para selar a consagração, pronuncie seu voto de dedicação. Coloque a mão sobre o coração, feche os olhos e diga: "Arcanjo Miguel, consagro-me à sua orientação e proteção. Comprometo-me a caminhar com coragem, a falar com verdade e a agir com integridade. Convido sua luz para minha vida e me dedico ao caminho que se alinha com seu propósito. Com sua orientação, prometo servir ao bem maior e carregar sua força em tudo o que faço." Sinta cada palavra ressoando profundamente dentro de você, um compromisso que conecta seu espírito à luz de Miguel em um laço duradouro.

Permita um momento de silêncio para seguir, um espaço onde a energia de Miguel possa se integrar totalmente à sua. Neste silêncio, sinta a luz dele preenchendo cada parte do seu ser, sua presença se fundindo com sua energia. Esta é a essência da consagração – uma união de sua vontade com a orientação de Miguel, uma mistura de energias que solidifica seu vínculo. Você pode sentir um calor, uma leve pressão ou simplesmente uma profunda sensação de paz, uma confirmação de que a presença de Miguel agora faz parte de você, guiando e protegendo você em sua jornada.

Ao concluir o ritual, agradeça a Miguel por sua presença e por aceitar sua consagração. Em sua mente ou em voz alta, diga: "Obrigado, Arcanjo Miguel, por sua luz, sua força e sua orientação. Honro esta consagração e sou grato por sua proteção em tudo o que faço." Apague a vela como um símbolo de conclusão do ritual, sabendo que a luz de Miguel permanece com você mesmo quando a chama se apaga.

Nos dias e semanas seguintes à sua consagração, reserve um tempo para refletir sobre este compromisso e para integrar a energia de Miguel em sua vida diária. Mantenha o cristal consagrado por perto, talvez usando-o ou colocando-o em seu altar como um lembrete deste laço sagrado. Retorne ao seu voto regularmente, renovando sua dedicação de caminhar em alinhamento com as qualidades de Miguel de coragem, integridade e proteção. A cada dia, reserve um momento para se conectar com a presença dele, reafirmando sua dedicação ao seu caminho e permitindo que sua luz guie suas ações e decisões.

Esta consagração marca uma mudança poderosa, uma transformação que traz a presença de Miguel para todos os aspectos de sua vida. Sua orientação estará com você, uma fonte de força, clareza e proteção que o apoia tanto nos desafios quanto nos momentos de paz. Através deste laço, você é capacitado a viver com propósito, a defender a verdade e a justiça, e a se mover pela vida com um coração que é aberto, destemido e alinhado com o divino.

Consagrar-se ao Arcanjo Miguel é uma jornada de dedicação, um caminho que enriquece seu espírito e traz suas qualidades para todas as facetas de sua existência. Este ritual não é apenas um compromisso, mas uma parceria, uma maneira de caminhar pela vida guiado pela força e luz inabaláveis de Miguel. A cada dia, a cada escolha e a cada ato de coragem, você honra esta consagração, incorporando a essência de Miguel como um farol de esperança, verdade e amor no mundo.

Capítulo 24
Aprimorando Sua Comunicação Angelical

Aprimorar a comunicação com o Arcanjo Miguel é um convite para aprofundar seu relacionamento com ele, desenvolvendo as habilidades e práticas que permitem que você receba sua orientação com clareza e confiança. Miguel, como um poderoso protetor e guia, fala através de energias sutis, impressões silenciosas e insights intuitivos. Fortalecer sua capacidade de receber essas mensagens abre um caminho para um diálogo espiritual profundo, onde você sente a presença dele como uma fonte constante de apoio, sabedoria e direção. Desenvolver a comunicação angelical com Miguel transforma sua conexão de vislumbres ocasionais em um relacionamento contínuo, um vínculo que informa suas escolhas e ações diárias.

A jornada da comunicação angelical é de sintonização — aprender a aquietar a mente, abrir o coração e confiar nas sutilezas da energia divina. As mensagens de Miguel podem vir de muitas formas, desde sensações e símbolos até sonhos e sincronicidades. Ao aprimorar sua comunicação com ele, você cria um canal através do qual sua orientação flui mais livremente, permitindo que você navegue pela vida com sua proteção e insight por perto.

Para começar a desenvolver essa comunicação, primeiro cultive uma atmosfera de receptividade dentro de si mesmo. Encontre um espaço tranquilo e defina a intenção de se conectar com Miguel. Sente-se confortavelmente, feche os olhos e respire fundo algumas vezes, ancorando-se no momento presente. Enquanto respira, imagine quaisquer pensamentos ou preocupações que o distraiam se dissolvendo, criando um espaço calmo e aberto em sua mente. Em seu coração, convide a presença de Miguel para se juntar a você. Em sua mente ou em voz alta, diga: "Arcanjo Miguel, eu abro meu coração à sua orientação. Ajude-me a ouvir sua voz, a sentir sua presença e a receber suas mensagens com clareza e confiança."

Ao convidá-lo, visualize uma luz azul brilhante ao seu redor, uma energia protetora e calmante que o conecta à presença dele. Sinta a luz dele preenchendo você, trazendo uma sensação de paz e segurança que lhe permite abrir-se totalmente à sua orientação. Essa luz cria um canal, um espaço sagrado onde suas mensagens podem ser sentidas, ouvidas e compreendidas sem interferência de dúvidas ou distrações.

Uma prática poderosa para desenvolver a comunicação angelical é o treinamento da intuição. A orientação de Miguel frequentemente chega como insights intuitivos — um saber repentino, um sentimento ou uma imagem mental que aparece sem ser convidada. Para fortalecer esse canal intuitivo, comece prestando muita atenção aos sentimentos ou impressões sutis que surgem em resposta a uma pergunta ou situação. Comece com perguntas simples, como "Em que preciso me concentrar hoje?" ou "O que me ajudará a me sentir ancorado?". Reserve um momento para sintonizar-se com o primeiro sentimento, pensamento ou imagem que surgir, confiando que esta é a maneira de Miguel se comunicar com você.

Ao praticar esse treinamento da intuição, você pode notar uma sensação ou sentimento particular que frequentemente acompanha a orientação de Miguel — uma sensação de calor, uma leve pressão no ombro ou um formigamento suave nas mãos. Essas sensações são a assinatura energética de Miguel, sinais de que sua presença está com você e que sua orientação está sendo transmitida. Ao prestar atenção a esses sinais físicos, você desenvolve uma familiaridade com a energia dele, um reconhecimento sutil que se fortalece com o tempo.

Escrever em um diário é outra ferramenta essencial para aprimorar a comunicação angelical. Crie um diário dedicado para suas interações com Miguel, um lugar para registrar suas impressões, insights e quaisquer mensagens que você receber. Comece cada entrada com uma intenção simples, como: "Miguel, eu convido sua orientação enquanto escrevo. Que suas mensagens sejam claras e perspicazes." Então, permita que seus pensamentos fluam livremente para a página, escrevendo o que vier à mente. Esse processo muitas vezes desbloqueia camadas mais profundas de compreensão, permitindo que as mensagens de Miguel surjam de maneiras inesperadas. Escrever um diário cria um registro de sua comunicação, permitindo que você olhe para trás e perceba padrões, temas ou símbolos recorrentes que podem ter passado despercebidos inicialmente.

A meditação com técnicas de visualização também é uma maneira eficaz de aprimorar sua comunicação com Miguel. Comece fechando os olhos, ancorando-se com algumas respirações profundas. Visualize-se em um espaço sagrado, talvez um jardim sereno ou um templo cheio de luz. Neste espaço, imagine Miguel se aproximando, sua presença radiante e calma. Veja-o ao seu lado, uma figura reconfortante de força e sabedoria. Nesta visualização, faça-lhe uma pergunta ou peça sua orientação sobre um assunto específico. Abra-se a quaisquer imagens, palavras ou sentimentos que surjam, confiando que estas são as respostas de Miguel. Esta prática meditativa cria um espaço seguro onde você pode se comunicar livremente, fortalecendo sua conexão a cada sessão.

Outra abordagem eficaz para a comunicação angelical é aprender a reconhecer símbolos e sinais. Miguel frequentemente se comunica através de símbolos que carregam significado pessoal ou universal. Esses símbolos podem aparecer em sonhos, números repetidos ou objetos que chamam sua atenção inesperadamente. Penas, especialmente azuis ou brancas, são um símbolo comum da presença e proteção de Miguel. Preste atenção a esses símbolos quando eles aparecerem, reservando um momento para reconhecer a mensagem de Miguel. Quando você notar um símbolo que pareça significativo, pare, respire fundo e peça a Miguel para esclarecer seu significado. Com o tempo, você desenvolverá um léxico pessoal de símbolos, uma linguagem de comunicação única para sua conexão com Miguel.

A comunicação através dos sonhos é outra maneira profunda de receber as mensagens de Miguel. Antes de dormir, defina a intenção de convidar a orientação de Miguel para seus sonhos. Em sua mente ou em voz alta, diga: "Arcanjo Miguel, eu convido sua presença em meus sonhos. Por favor, revele qualquer orientação que sirva ao meu bem maior." Mantenha um diário ao lado de sua cama e, ao acordar, reserve alguns momentos para registrar quaisquer sonhos, símbolos ou emoções de que você se lembre. As mensagens de Miguel em sonhos podem ser sutis ou simbólicas, e registrá-las ajuda você a refletir e interpretar seu significado ao longo do tempo.

Para uma orientação mais imediata, pratique a invocação baseada na respiração para aquietar a mente e abrir o coração. Quando sentir necessidade do insight ou conforto de Miguel, feche os olhos, coloque uma mão sobre o coração e faça várias respirações profundas e lentas. A cada inspiração, visualize a luz azul de Miguel preenchendo você; a cada expiração, libere quaisquer distrações ou preocupações. Quando se sentir calmo e centrado, diga em sua mente: "Miguel, busco sua orientação sobre [sua pergunta ou problema]. Por favor, ajude-me a receber sua mensagem com clareza." Espere nesta quietude, concentrando-se em quaisquer pensamentos, sentimentos ou impressões que surjam. Esta invocação baseada na respiração é uma maneira rápida de sintonizar-se com a orientação de Miguel sempre que precisar, uma prática que fortalece sua capacidade de receber seus insights com clareza.

Confiança e paciência são elementos-chave para aprimorar sua comunicação angelical. As mensagens que você recebe nem sempre podem ser imediatas ou óbvias, e desenvolver essa habilidade requer paciência e confiança no processo. A presença de Miguel encoraja você a permanecer aberto e receptivo, para permitir que sua orientação se revele em seu próprio tempo e maneira. Confie que suas mensagens virão quando forem mais necessárias, mesmo que cheguem de formas inesperadas. Quanto mais você confiar em sua orientação, mais aberto o canal se torna, criando um fluxo de comunicação que é natural e sem esforço.

À medida que sua conexão com Miguel se aprofunda, você pode se sentir chamado a estabelecer um espaço sagrado dedicado à sua comunicação angelical. Este pode ser um pequeno altar com uma vela azul, um cristal como lápis-lazúli ou uma imagem de Miguel. Use este espaço como um local de reflexão tranquila, onde você pode sintonizar-se com a energia dele e convidar suas mensagens. Acenda a vela, sente-se em silêncio e permita-se estar presente com Miguel, aberto a qualquer orientação que ele queira compartilhar. Este espaço sagrado se torna um ponto de referência, um lembrete físico de seu vínculo com Miguel e um ponto focal para aprofundar sua comunicação.

Com o tempo, conforme você continua essas práticas, você notará uma transformação em seu relacionamento com Miguel. Suas mensagens se tornarão mais claras, sua presença mais tangível e sua orientação mais direta. A comunicação angelical é uma jornada de sintonização, um caminho que se torna mais rico a cada momento de conexão e confiança. Através deste diálogo contínuo, você desenvolve uma parceria com Miguel, onde sua sabedoria flui livremente, informando sua vida com clareza, coragem e apoio divino.

No final de cada sessão, reserve um momento para expressar gratidão pela orientação de Miguel. Em sua mente ou em voz alta, diga: "Obrigado, Arcanjo Miguel, por suas mensagens, sua proteção e sua luz. Sou grato por sua presença em minha vida." Essa gratidão reforça sua conexão, um lembrete de que a orientação de Miguel é um presente, que o apoia a viver uma vida de propósito e alinhamento.

Através desta jornada de aprimoramento da comunicação angelical, você cultiva um relacionamento com Miguel que é íntimo, solidário e transformador. Sua orientação se torna uma companhia constante, uma fonte de sabedoria que flui para todos os aspectos de sua vida. Com a presença de Miguel, você segue em frente com um coração aberto, uma mente clara e um espírito fortalecido pela força da conexão divina.

A cada mensagem, cada insight e cada ato de confiança, você aprofunda seu vínculo com Miguel, construindo uma vida guiada por sua luz e sabedoria. Essa conexão enriquece seu caminho, uma jornada onde cada passo é apoiado, cada pergunta respondida e cada desafio enfrentado com coragem. Através deste relacionamento, você caminha em parceria com o reino angelical, uma jornada iluminada pela orientação e amor inabaláveis do Arcanjo Miguel.

Capítulo 25
Alinhando-se com o Propósito Divino

Alinhar-se com seu propósito divino através da orientação do Arcanjo Miguel é uma jornada ao cerne de quem você é, um convite para viver em harmonia com o caminho único que sua alma escolheu. O papel de Miguel como protetor e guia faz dele um aliado poderoso na descoberta e alinhamento com esse propósito. Sua energia traz clareza, coragem e discernimento, ajudando você a remover distrações e dúvidas que podem obscurecer seu verdadeiro chamado. Ao se alinhar com o propósito divino, você começa a viver uma vida cheia de intenção, uma vida onde cada ação, escolha e conexão o aproxima do coração de sua jornada espiritual.

Alinhar-se com seu propósito é trilhar um caminho onde seu crescimento pessoal, contribuições e alegria são todas expressões de um plano superior. A presença de Miguel o apoia no reconhecimento desse propósito, iluminando os passos que o guiam em direção à realização e paz interior.

Comece criando um espaço sagrado para reflexão, onde você possa sintonizar a energia de Miguel e os insights mais profundos de sua alma. Sente-se confortavelmente e respire fundo algumas vezes, permitindo-se relaxar e aquietar sua mente. Invoque Miguel para se juntar a você, convidando sua presença para guiá-lo enquanto você abre seu coração ao seu propósito divino. Em sua mente ou em voz alta, diga: "Arcanjo Miguel, peço sua orientação para descobrir meu propósito divino. Ajude-me a ver com clareza, a entender profundamente e a trilhar o caminho que se alinha com meu bem maior."

Ao invocá-lo, visualize Miguel ao seu lado, sua luz azul envolvendo você com uma sensação de calma e clareza. Sua presença traz uma energia estabilizadora, que permite que você se abra totalmente aos insights e verdades que surgem. Este é um momento de comunhão, um momento em que você pede para ver além da superfície, para entender as intenções mais profundas de sua alma. Sinta a mão de Miguel gentilmente pousada em seu ombro, sua energia enchendo você de confiança e prontidão para explorar esta jornada.

Uma abordagem poderosa para descobrir seu propósito é refletir sobre momentos de ressonância – momentos em que você se sentiu profundamente conectado, inspirado ou realizado. Esses momentos geralmente contêm pistas sobre o propósito de sua alma, apontando para as atividades, pessoas ou experiências que se alinham com seu verdadeiro eu. Comece relembrando alguns desses momentos, permitindo que cada memória se concentre em sua mente. O que você estava fazendo? Como você se sentiu? Que qualidades você manifestou nesses momentos? Ao refletir, convide a orientação de Miguel para ajudá-lo a ver padrões ou temas, os fios que conectam essas experiências.

Em seguida, crie uma lista de qualidades ou valores que ressoam profundamente com você – qualidades como compaixão, criatividade, integridade ou coragem. Esses valores geralmente estão alinhados com seu propósito, representando os traços que sua alma é atraída a expressar nesta vida. Com a presença de Miguel ao seu lado, peça-lhe para destacar os valores mais relevantes para o seu caminho. Anote-os, permitindo que cada palavra se estabeleça em seu coração como uma pedra de toque para sua jornada. Esses valores atuam como uma bússola, guiando você em direção a experiências e ações que se alinham com seu propósito divino.

O treinamento da intuição é outra maneira eficaz de se sintonizar com seu propósito. As mensagens de Miguel sobre seu propósito podem vir por meio de toques sutis, sentimentos ou imagens que surgem quando você considera certos caminhos ou decisões. Comece fazendo a si mesmo uma pergunta simples relacionada ao seu caminho de vida, como: "O que me traz a maior sensação de realização?" ou "O que posso fazer hoje que se alinha com meu propósito mais elevado?" Acalme sua mente e observe as primeiras impressões ou sentimentos que surgem. Confie nesses insights intuitivos, pois eles costumam ser a maneira de Miguel guiá-lo em direção à clareza.

A visualização também pode aprofundar sua conexão com seu propósito. Feche os olhos e imagine-se em uma vida onde você está totalmente alinhado com seu propósito divino. Imagine-se sentindo alegria, paz e realização, cercado por pessoas e experiências que ressoam com seu verdadeiro eu. Nesta visão, veja a luz de Miguel envolvendo você, uma aura azul radiante que reforça seu compromisso com este caminho. Essa visualização não apenas o conecta ao sentimento de viver seu propósito, mas também ancora sua intenção de trazer essa visão para a realidade.

O diálogo meditativo com Miguel é uma ferramenta poderosa para explorar seu propósito. Em um estado meditativo, imagine-se sentado com Miguel em um espaço sereno e sagrado. Visualize-o ao seu lado, pronto para guiá-lo com sua sabedoria. Neste espaço, faça-lhe perguntas sobre seu propósito, como: "Qual é a missão da minha alma nesta vida?" ou "Que passos posso dar para me alinhar mais plenamente com meu propósito?" Esteja aberto a quaisquer imagens, palavras ou sentimentos que surjam, confiando que as respostas de Miguel podem vir de formas inesperadas. Esta prática meditativa cria um canal direto de comunicação, permitindo que a orientação de Miguel chegue a você de forma clara e direta.

Para apoiar seu alinhamento com o propósito, use afirmações que reforcem seu compromisso com este caminho. Os exemplos incluem: "Estou alinhado com meu propósito mais elevado", "Eu trilho meu caminho com coragem e integridade" e "Sou guiado pela luz de Miguel em tudo o que faço". Repita essas afirmações diariamente, permitindo que elas fortaleçam sua crença em sua capacidade de viver uma vida com propósito. Essas afirmações agem como sementes, plantando a intenção de alinhamento profundamente em sua consciência, onde podem crescer e florescer com o tempo.

Atos simbólicos de dedicação também podem ajudá-lo a se alinhar com seu propósito. Encontre um pequeno objeto – um cristal, uma pena ou um amuleto – que represente seu compromisso com esta jornada. Dedique-o a Miguel, pedindo-lhe para infundi-lo com sua luz e orientação. Carregue ou coloque este objeto em algum lugar significativo, como um lembrete de sua dedicação para trilhar o caminho de seu propósito divino. Cada vez que você vir ou tocar neste objeto, reconecte-se com a presença de Miguel, reafirmando sua intenção de viver em alinhamento com a missão de sua alma.

Quando surgirem momentos de dúvida ou confusão, retorne à Espada da Clareza de Miguel como uma ferramenta para cortar quaisquer medos ou incertezas. Visualize-o ao seu lado, segurando sua espada, sua lâmina brilhando com uma luz azul-clara. Veja-o usando esta espada para cortar quaisquer dúvidas, medos ou distrações que obscureçam sua compreensão de seu propósito. A cada corte, sinta-se tornando-se mais claro, mais focado e mais alinhado com seu verdadeiro caminho.

Gratidão e reflexão desempenham um papel vital no fortalecimento de seu alinhamento com o propósito. No final de cada dia, reserve alguns momentos para refletir sobre como você honrou seu propósito. Ofereça gratidão a Miguel por sua orientação, reconhecendo os passos que você deu, por menores que sejam, em direção a uma vida de significado e alinhamento. Em sua mente ou em voz alta, diga: "Obrigado, Arcanjo Miguel, por me guiar para mais perto do meu propósito hoje. Sou grato por sua luz e sabedoria nesta jornada." Esta prática de gratidão não apenas reforça seu compromisso, mas também aprofunda sua conexão com Miguel, criando um ciclo de intenção e reflexão que o mantém alinhado com seu caminho.

Para suporte adicional, considere criar um quadro de visão que represente seu propósito e aspirações. Preencha-o com imagens, palavras e símbolos que refletem seu verdadeiro chamado, aqueles aspectos da vida que ressoam com seus valores e intenções. Coloque a imagem de Miguel ou uma vela azul no quadro, um lembrete de sua orientação. Este quadro de visão serve como um lembrete visual de seu propósito, um ponto de referência diário que reforça seu compromisso de viver uma vida alinhada com seu caminho mais elevado.

À medida que você continua esta jornada, lembre-se de que alinhar-se com seu propósito não é um ato único, mas um processo contínuo. Cada dia oferece novas oportunidades para crescer, aprender e se realinhar. Com a orientação de Miguel, confie que cada experiência, mesmo aquelas que parecem desafiadoras ou obscuras, contribui para o seu caminho. Sua presença lembra que seu propósito é uma força dinâmica, que evolui com você à medida que você se aprofunda em sabedoria, compaixão e compreensão.

Em momentos em que você se sentir desconectado ou incerto, retorne à energia de Miguel. Sente-se em silêncio, convide sua presença e peça-lhe para restaurar seu senso de direção. Sua orientação o levará de volta ao seu propósito, ajudando-o a se realinhar com seu eu superior. Através desta conexão contínua, sua vida se torna um reflexo de sua missão divina, cada passo um testemunho de seu compromisso de caminhar com propósito, integridade e amor.

Ao se alinhar com seu propósito através da orientação de Miguel, você constrói uma vida significativa, gratificante e em harmonia com o divino. Esse alinhamento traz clareza para suas escolhas, coragem para suas ações e uma sensação de paz para seu espírito, sabendo que você está vivendo a vida que sua alma pretendia. Com Miguel como seu guia, você está capacitado a viver plenamente, a abraçar cada dia com propósito e a contribuir com seus dons únicos para o mundo. Esta é a essência de uma vida alinhada com o propósito – uma jornada onde cada momento é infundido com a luz, a força e a orientação do Arcanjo Miguel.

Capítulo 26
Viagens Astrais com a Proteção de Miguel

A viagem astral é uma experiência que permite à alma explorar reinos além do físico, uma expansão da consciência que traz uma compreensão mais profunda dos mistérios da existência e das dimensões espirituais. No entanto, viajar para além do plano terreno requer uma abordagem centrada e uma presença protetora para garantir que sua jornada seja segura e alinhada com o seu bem maior. O Arcanjo Miguel, conhecido por sua força, orientação e energia protetora, é o guardião ideal para tais explorações. Com sua presença, você pode se aventurar no plano astral com confiança, sabendo que sua luz e proteção estão sempre com você.

O papel de Miguel como seu protetor na viagem astral vai além da mera segurança; ele fornece clareza e estabilidade, ajudando você a navegar nesses reinos com propósito e compreensão. Sua energia traz uma sensação de segurança que lhe permite explorar livremente, sem medo ou incerteza. Quando você viaja sob a orientação de Miguel, cada jornada se torna uma experiência de crescimento, descoberta e profunda conexão com o mundo espiritual.

Para se preparar para a viagem astral com a proteção de Miguel, comece criando um espaço sagrado e tranquilo onde você se sinta confortável e à vontade. Este espaço deve estar livre de perturbações, com iluminação fraca e quaisquer itens que ajudem você a se sentir ancorado, como cristais, um cobertor ou uma vela. Comece centralizando-se com algumas respirações profundas, permitindo que cada expiração libere qualquer tensão, preocupações ou pensamentos persistentes. Deixe sua mente se acalmar, um espaço silencioso onde você possa se concentrar em sua conexão com Miguel.

Quando se sentir pronto, convide Miguel para se juntar a você, pedindo-lhe que sirva como seu guia e protetor para esta jornada. Em sua mente ou em voz alta, diga: "Arcanjo Miguel, eu o invoco para me acompanhar nesta jornada. Cerque-me com sua proteção, guie meu espírito e ajude-me a navegar pelos reinos além com clareza e força." Ao falar, visualize Miguel aparecendo ao seu lado, sua luz azul envolvendo você como um escudo. Esta luz é quente e reconfortante, uma aura radiante que permanecerá com você enquanto você se move para o plano astral.

Para reforçar a presença de Miguel, acenda uma vela, de preferência azul ou branca, como um símbolo de sua luz protetora. À medida que a chama começa a tremelular, concentre-se nela, imaginando que seu brilho é uma extensão da energia de Miguel. Esta chama se torna uma âncora, um lembrete de sua presença, um símbolo que ancora sua consciência mesmo enquanto você se prepara para viajar além do reino físico. Com sua atenção na vela, sinta sua conexão com Miguel se fortalecendo, uma presença constante que o enche de confiança e paz.

Uma técnica essencial para a viagem astral com Miguel é o Escudo Azul de Proteção. Antes de iniciar sua jornada, visualize uma esfera de luz azul brilhante ao redor de seu corpo, um limite que o mantém seguro de quaisquer energias inferiores ou influências indesejadas. Imagine a energia de Miguel reforçando este escudo, tornando-o impenetrável, um casulo resiliente que lhe permite mover-se livremente, mas o mantém firmemente protegido. Com este escudo no lugar, respire fundo algumas vezes, sentindo uma sensação de segurança e proteção envolvendo você, sabendo que a proteção de Miguel é forte e inabalável.

Ao se acomodar neste estado, comece a elevar sua vibração, concentrando-se em sentimentos de paz, amor e gratidão. A viagem astral é uma jornada do espírito, e estados vibracionais mais elevados facilitam o acesso aos reinos além. Visualize a luz de Miguel se fundindo com a sua, elevando sua energia até que você se sinta leve, claro e expansivo. Permita que quaisquer preocupações ou medos se dissolvam, substituídos por uma sensação de confiança e abertura. Este estado elevado prepara você para a jornada, criando um alinhamento energético com os reinos que você está prestes a explorar.

Quando você se sentir sintonizado, use a visualização guiada para iniciar sua jornada astral. Imagine-se deitado, relaxado e em paz. Visualize um cordão de luz se estendendo de seu corpo, conectando você à sua forma física e à presença protetora de

Miguel. Este cordão serve como uma âncora, um elo que o mantém ancorado, não importa o quão longe você viaje. Em sua mente, veja-se subindo suavemente, saindo de seu corpo físico e movendo-se para um espaço vasto e aberto, cheio de luz. Miguel está ao seu lado, sua presença é um guia constante e reconfortante.

Conforme você viaja, observe quaisquer símbolos, cores ou sensações que surgirem. O plano astral é rico em energias e imagens que carregam significado. Esses símbolos podem oferecer insights, mensagens ou orientações relacionadas à sua vida ou caminho espiritual. Confie na proteção de Miguel enquanto você explora, sabendo que ele o ajudará a interpretar e entender o que você encontra. Se você se sentir atraído por um lugar ou figura em particular, siga essa inclinação, permitindo que a orientação de Miguel direcione seus passos.

Durante suas viagens, a Espada de Luz de Miguel pode ser uma ferramenta valiosa para limpar quaisquer energias ou entidades inferiores que possam aparecer. Se você encontrar uma presença ou energia que pareça densa, escura ou indesejável, visualize a espada de Miguel iluminando o espaço ao seu redor, cortando qualquer negatividade e dissolvendo-a em luz. Esta espada atua como um farol de clareza e pureza, garantindo que sua jornada permaneça alinhada com seu propósito mais elevado. A cada uso, sinta uma renovada sensação de confiança, sabendo que nada pode perturbar a paz e a santidade de sua jornada.

Se você se encontrar em um ambiente que pareça opressor ou confuso, invoque a Chama Azul de Miguel para ancorá-lo e redirecioná-lo. Visualize esta chama como uma luz calma e constante que o envolve, ancorando-o e trazendo-o de volta a um lugar de paz e clareza. Esta chama serve como um ponto de referência, um ponto de retorno se você se sentir perdido ou incerto. Ao se concentrar na chama, você pode se realinhar com a energia de Miguel, recuperando uma perspectiva clara e calma sobre o ambiente ao seu redor.

Para terminar sua jornada, retorne suavemente ao seu corpo físico, concentrando-se em seu cordão de luz, que o reconecta com o reino físico. Visualize-se descendo lentamente, voltando para sua forma física, sentindo cada parte do seu corpo enquanto você se ancora. Respire fundo algumas vezes, concentrando-se no peso do seu corpo contra a superfície em que está deitado. A presença de Miguel permanece com você, sua luz protetora ainda o cercando enquanto você faz a transição de volta para o mundo físico.

Quando você tiver retornado completamente, reserve alguns momentos para refletir sobre sua experiência. Anote quaisquer imagens, mensagens ou sensações que se destacaram, registrando-as em um diário dedicado às suas viagens astrais. Este registro o ajudará a aprofundar sua compreensão dessas jornadas e a reconhecer padrões ou insights que surgem ao longo do tempo. A orientação de Miguel muitas vezes se revela gradualmente, e refletir sobre suas experiências permite que você integre suas mensagens de forma mais completa.

Como parte de seu processo de ancoragem, expresse gratidão a Miguel por sua proteção e orientação. Em sua mente ou em voz alta, diga: "Obrigado, Arcanjo Miguel, por me guiar nesta jornada, por sua proteção e sua luz. Sou grato por sua presença e pela sabedoria que você compartilhou." Esta gratidão reafirma sua conexão com ele, um lembrete da confiança e parceria que vocês compartilham.

Com o tempo, à medida que você continua a praticar a viagem astral com Miguel, você pode descobrir que suas experiências se tornam mais ricas e perspicazes. Sua presença se torna uma âncora, uma fonte de força que lhe permite explorar com um coração aberto e uma mente calma. Cada jornada aprofunda sua conexão com os reinos espirituais, revelando novas camadas de compreensão, paz e propósito. A proteção de Miguel o capacita a viajar livremente, a se envolver com o mundo astral sem medo e a descobrir verdades que enriquecem seu caminho.

A viagem astral com a orientação de Miguel é uma jornada transformadora, que o aproxima dos mistérios do universo e das profundezas de sua própria alma. Com sua luz ao seu lado, você está capacitado a explorar esses reinos com segurança, curiosidade e confiança. Sua presença lembra que você está sempre protegido, sempre apoiado e sempre alinhado com o bem maior.

Através de cada jornada, você fortalece sua conexão com as dimensões espirituais, construindo uma vida onde a sabedoria do mundo astral flui para o físico, enriquecendo suas experiências diárias. Com Miguel como seu guia, você caminha entre os mundos, carregando a luz, a força e a percepção do astral de volta para o coração de sua vida na Terra.

Capítulo 27
Facilitando Curas em Grupo

Facilitar sessões de cura em grupo com a orientação do Arcanjo Miguel é uma forma poderosa de trazer energia transformadora para espaços coletivos, permitindo intenções compartilhadas de cura, conexão e elevação espiritual. Como protetor e líder entre os anjos, a presença de Miguel oferece uma mistura potente de força, compaixão e alinhamento com a vontade divina, tornando-o um guia ideal para o trabalho de cura coletiva. Através de sua energia, a cura em grupo se torna uma experiência harmoniosa e unificada, onde as energias individuais se alinham em direção a um propósito compartilhado, ampliando o potencial de cura para todos os envolvidos.

A cura em grupo com a orientação de Miguel é um ato de serviço que não apenas eleva os presentes, mas também cria ondas de paz e luz que se estendem além do encontro imediato. Sua proteção garante que cada participante seja mantido dentro de um espaço de segurança, livre de quaisquer interrupções ou negatividade que possam dificultar o processo de cura. Como facilitador, seu papel é criar uma atmosfera onde cada pessoa se sinta apoiada, encorajada e conectada, enquanto convida Miguel para liderar a sessão com sua sabedoria e graça.

Para se preparar para uma sessão de cura em grupo, crie um espaço sagrado onde os participantes possam se reunir confortavelmente. Este espaço deve ser calmo e acolhedor, livre de distrações e preenchido com itens que ressoem com a energia de Miguel, como velas azuis, cristais ou música suave. Organize cadeiras ou almofadas em círculo para simbolizar a unidade, permitindo que todos se sintam igualmente conectados dentro do grupo. Coloque uma representação de Miguel — talvez uma estátua, imagem ou cristal — no centro, como um ponto focal que mantém a energia de sua presença durante toda a sessão.

Conforme os participantes se reúnem, comece ancorando a energia na sala com um simples exercício de respiração. Convide todos a fechar os olhos, respirar fundo várias vezes e sentir-se totalmente presentes no momento. Enquanto respiram, incentive-os a liberar qualquer tensão, preocupação ou distração, criando um espaço calmo e aberto interior. Quando todos se sentirem centrados, chame Miguel para se juntar ao grupo. Em voz calma, diga: "Arcanjo Miguel, nós o convidamos para este espaço. Cerque-nos com sua luz, proteja-nos e guie-nos, e traga sua energia de cura para nosso círculo."

Visualize a luz azul de Miguel se expandindo para fora, envolvendo todo o grupo em uma esfera de proteção e paz. Imagine essa luz formando um casulo que envolve a todos, um escudo sagrado que mantém cada participante em segurança e calma. Este casulo atua como uma fronteira, mantendo fora quaisquer energias que não sirvam à intenção de cura e permitindo que apenas amor, compaixão e luz permeiem o espaço. Esta esfera protetora é um elemento vital, pois garante que cada participante possa se abrir ao processo de cura sem medo ou distração.

Em seguida, lidere o grupo em um breve exercício de definição de intenções. Peça a cada participante para definir silenciosamente uma intenção pessoal de cura, refletindo sobre o que esperam receber ou liberar durante a sessão. Essas intenções podem ser físicas, emocionais ou espirituais, e podem ser tão amplas ou específicas quanto necessário. À medida que cada pessoa mantém sua intenção em seu coração, visualize Miguel no centro do grupo, sua luz amplificando cada intenção, tecendo-as em um campo unificado de energia de cura.

Uma vez que as intenções estejam definidas, guie o grupo em uma visualização de cura coletiva com a energia de Miguel. Convide todos a fechar os olhos e imaginar uma luz azul brilhante descendo do alto, preenchendo o centro do círculo. Veja essa luz se expandindo para fora, fluindo suavemente ao redor de cada pessoa, conectando-as umas às outras através de uma teia de luz. Nesta visão, cada participante é mantido dentro da luz azul de Miguel, uma rede de energia de cura que conecta e unifica o grupo. Conforme a luz flui, sinta-a dissolvendo quaisquer bloqueios, dor ou peso, transformando essas energias em paz, clareza e vitalidade.

Conforme a visualização continua, convide os participantes a colocar uma mão sobre o coração, conectando-se com a presença de cura de Miguel interior. Incentive-os a imaginar a luz de Miguel preenchendo seu coração, irradiando calor, compaixão e força. A cada respiração, eles atraem sua energia mais profundamente em seu ser, permitindo que ela flua por cada célula, trazendo renovação e harmonia. Essa conexão individual cria uma base para a energia coletiva, um canal pessoal através do qual a luz de Miguel pode fluir para o grupo.

Para aprimorar o processo de cura, considere incorporar som ou canto. O som tem uma capacidade profunda de unificar a energia e elevar as vibrações. Você pode liderar um canto simples que ressoe com a energia de Miguel, como repetir seu nome ou entoar uma sílaba sagrada como "Om". Enquanto o grupo canta junto, imagine a energia de Miguel amplificando cada som, criando ondas de cura que fluem através de cada participante e para o campo coletivo. Este som compartilhado alinha a energia do grupo, fortalecendo a intenção de cura e reforçando a conexão com a presença de Miguel.

Neste estágio, a Espada de Luz de Miguel pode ser invocada para cortar quaisquer bloqueios restantes ou ligações negativas dentro do grupo. Visualize Miguel no centro, segurando sua espada no alto, sua luz branco-azulada irradiando pelo círculo. Veja-o movendo sua espada suavemente pelo espaço, cortando quaisquer cordões ou ligações que possam estar limitando o potencial de cura do grupo. A cada corte, sinta uma sensação de libertação, uma leveza que abre caminho para uma cura mais profunda ocorrer.

Se indivíduos específicos no grupo estiverem buscando cura em uma área particular, considere incorporar uma bênção focada para eles. Convide os participantes a manter esse indivíduo em seus pensamentos, enviando amor e compaixão de seus corações. Visualize Miguel colocando a mão sobre a pessoa, sua luz descendo como um riacho suave, preenchendo-a com força e paz. Esse foco coletivo cria uma poderosa energia de apoio, amplificando a cura de Miguel e direcionando-a para aqueles que mais precisam.

Para concluir a sessão, guie o grupo em um exercício de ancoragem para trazer todos de volta aos seus corpos físicos. Peça a cada participante para colocar os pés firmemente no chão e visualizar raízes se estendendo das solas dos pés, alcançando profundamente a terra. Sinta a energia constante da terra fluindo para cima, ancorando e estabilizando cada pessoa. Enquanto eles se concentram nesse ancoramento, convide Miguel para selar a energia do grupo, garantindo que a cura seja integrada e protegida. Visualize sua luz azul desaparecendo suavemente, deixando uma sensação persistente de paz e calma.

Finalmente, ofereça um momento de gratidão pela orientação e proteção de Miguel. Em voz baixa, diga: "Obrigado, Arcanjo Miguel, por sua presença neste círculo, por sua luz e sua cura. Somos gratos por seu apoio e orientação." Incentive cada participante a expressar sua própria gratidão, silenciosamente ou em voz alta. Essa expressão de agradecimento não apenas honra o papel de Miguel na cura, mas também reforça a conexão do grupo com sua energia, deixando cada pessoa com uma sensação de completude e realização.

Incentive os participantes a refletir sobre sua experiência, compartilhando quaisquer insights ou sensações que sentiram durante a sessão. A cura em grupo frequentemente traz revelações pessoais, e compartilhar essas experiências pode aprofundar a sensação de conexão e comunidade. A energia de Miguel permanece nessas discussões, enriquecendo a compreensão de cada pessoa sobre sua jornada de cura e promovendo um espírito coletivo de abertura e confiança.

Com o tempo, à medida que você facilita mais curas em grupo com Miguel, você pode notar uma crescente facilidade e confiança em sua orientação. Sua presença se torna uma âncora confiável, uma fonte de força que apoia cada participante em sua jornada. A cada sessão, você desenvolve uma compreensão mais profunda de sua energia, aprendendo a confiar no fluxo de cura que ele traz para o grupo. Essa conexão com Miguel enriquece a experiência do grupo, criando um espaço onde cada participante se sente visto, apoiado e capacitado a se curar.

Facilitar a cura em grupo com a orientação de Miguel é uma responsabilidade sagrada, um ato de serviço que transforma a vida daqueles que participam. Através de sua presença, você cria um espaço de unidade, compaixão e cura profunda, um lugar onde as energias individuais se fundem em uma poderosa força coletiva. Cada sessão de cura em grupo se torna um testemunho da força da comunidade, do poder da intenção compartilhada e do apoio ilimitado do reino angélico.

Através deste trabalho, você traz a luz de Miguel para o mundo, um farol de esperança e cura que se estende muito além do próprio grupo. A cada encontro, você fortalece o vínculo entre os participantes, aprofunda sua conexão com a orientação de Miguel e contribui para uma onda de cura que alcança o mundo. Esta é a essência da cura em grupo com Miguel — uma jornada compartilhada de transformação, mantida dentro da força, proteção e amor do Arcanjo Miguel.

Capítulo 28
Reconhecendo Miguel como Mensageiro

O Arcanjo Miguel, reverenciado como protetor e guerreiro, é também um mensageiro, um comunicador direto da vontade divina que traz clareza, sabedoria e discernimento para aqueles que buscam alinhamento com um propósito maior. Reconhecer Miguel como mensageiro convida você a se abrir para as mensagens que ele traz, mensagens que carregam a luz da verdade e oferecem orientação em seu caminho espiritual. Como mensageiro, Miguel frequentemente entrega percepções que cortam a confusão, oferecendo direção clara em tempos de incerteza e ancorando você na presença da compreensão divina. Seu papel como mensageiro o transforma de um protetor passivo em um participante ativo em sua jornada, ajudando você a discernir a verdade, navegar pelos desafios e aprofundar sua conexão com o divino.

As mensagens de Miguel frequentemente chegam de maneiras sutis e inesperadas. Elas podem aparecer como um sentimento, uma compreensão repentina ou uma sequência de sinais que o guiam para uma maior consciência. Sua comunicação não é apenas sobre transmitir informações, mas também sobre alinhá-lo com um senso de propósito, um caminho que ressoa com seu eu superior. À medida que você aprende a reconhecer e interpretar suas mensagens, você cria um diálogo com Miguel, uma parceria onde suas percepções se tornam uma força guia, ajudando você a caminhar em harmonia com a missão de sua alma.

Para se sintonizar com o papel de Miguel como mensageiro, comece criando um espaço de receptividade silenciosa, um momento onde você possa sintonizar sua presença sem distrações. Encontre um assento confortável, feche os olhos e respire fundo algumas vezes, cada expiração liberando a tensão e convidando a calma para sua mente e corpo. Assim que se sentir ancorado, chame Miguel para se juntar a você, convidando-o a compartilhar quaisquer mensagens ou insights que apoiem seu caminho. Em sua mente ou em voz alta, diga: "Arcanjo Miguel, eu me abro à sua orientação. Ajude-me a reconhecer e entender as mensagens que você traz. Que sua sabedoria e clareza me guiem em minha jornada."

Ao convidá-lo, visualize Miguel em pé diante de você, sua luz azul irradiando uma presença calma e constante que preenche o espaço ao seu redor. Essa luz cria uma sensação de paz e foco, uma atmosfera sagrada onde suas mensagens podem ser recebidas sem interferência. Sinta a presença dele se alinhando com sua energia, abrindo um canal para que seus insights fluam. Essa sintonia é a base da sua conexão, um estado de receptividade que permite que você perceba as maneiras sutis pelas quais Miguel se comunica.

Símbolos e Sinais são frequentemente a linguagem escolhida por Miguel para entregar mensagens. Estes podem incluir imagens, números ou objetos recorrentes que chamam sua atenção na vida cotidiana. Penas, especialmente azuis ou brancas, são um sinal comum da presença de Miguel, representando sua orientação e proteção. Números repetidos, como 111 ou 444, também podem significar suas mensagens, encorajando você a prestar atenção aos seus pensamentos e ações naquele momento. Quando você encontrar um símbolo que pareça significativo, pare um momento, feche os olhos e peça a Miguel para esclarecer seu significado. Confie em sua intuição para interpretar esses sinais, sabendo que cada símbolo carrega uma mensagem única criada especificamente para você.

    Os sonhos são outro meio poderoso através do qual Miguel se comunica. Suas mensagens em sonhos podem aparecer como símbolos, cenários ou até mesmo conversas diretas que deixam uma forte impressão. Antes de ir dormir, defina a intenção de receber a orientação de Miguel. Em sua mente ou em voz alta, diga: "Arcanjo Miguel, eu convido sua presença em meus sonhos. Por favor, revele qualquer orientação que sirva ao meu bem maior." Mantenha um diário ao lado da cama e, ao acordar, reserve alguns momentos para registrar quaisquer sonhos ou sentimentos de que se lembre. Com o tempo, padrões ou temas recorrentes podem surgir, oferecendo uma visão mais profunda das mensagens que Miguel está transmitindo.

    A meditação é uma prática eficaz para se abrir às mensagens de Miguel. Em um estado meditativo, você aquieta a mente, criando um espaço claro onde seus insights podem vir sem o filtro do ruído dos pensamentos diários. Comece fechando os olhos, respirando fundo e imaginando-se sentado em um lugar sereno e sagrado. Veja Miguel em pé diante de você, sua energia cercando você com proteção e força. Neste espaço tranquilo, peça a Miguel orientação sobre uma questão específica ou simplesmente convide-o a compartilhar qualquer mensagem que ele considere mais importante para você neste momento. Esteja aberto a quaisquer imagens, palavras ou sensações que surjam, confiando que elas são a maneira de Miguel se comunicar com você.

Outra ferramenta valiosa para reconhecer as mensagens de Miguel é escrever um diário. Essa prática permite que você capture pensamentos, impressões e ideias que podem inicialmente parecer sutis, mas revelam um significado mais profundo com o tempo. Comece definindo uma intenção para sua entrada no diário, como: "Miguel, eu convido sua orientação enquanto escrevo. Ajude-me a receber e entender suas mensagens." Deixe seus pensamentos fluírem livremente para a página, anotando quaisquer frases, símbolos ou sentimentos que se destaquem. À medida que você continua a escrever, pode descobrir que insights e entendimentos se desdobram, mensagens que Miguel está revelando gentilmente através de suas próprias palavras. Rever essas entradas do diário pode ajudá-lo a ver conexões e reconhecer os temas em sua orientação.

Quando você busca orientação imediata, a invocação baseada na respiração é uma maneira simples, porém eficaz, de se conectar com as mensagens de Miguel. Feche os olhos, coloque a mão sobre o coração e respire fundo algumas vezes, concentrando-se no ritmo da inspiração e expiração. A cada respiração, imagine a luz de Miguel enchendo seu coração, abrindo você para receber sua orientação. Assim que se sentir centrado, pergunte mentalmente sua pergunta ou convide Miguel para compartilhar qualquer mensagem que ele deseja transmitir. Na quietude que se segue, preste atenção a quaisquer pensamentos, sentimentos ou sensações que surjam, confiando que a presença de Miguel está trabalhando através deles para guiá-lo.

A escuta intuitiva é outra maneira de reconhecer as mensagens de Miguel. Frequentemente, sua orientação aparece como uma voz interior gentil ou um pensamento repentino que parece calmo, claro e sábio. Para cultivar essa escuta intuitiva, pratique sintonizar sua consciência interior, prestando atenção às diferenças sutis entre seus próprios pensamentos e aqueles que parecem um insight direto de Miguel. Suas mensagens frequentemente carregarão uma sensação distinta de paz e clareza, uma energia que ressoa profundamente e parece vir de fora de seus padrões de pensamento usuais. Confie nesses momentos, permitindo que seus insights se desdobrem naturalmente.

A Espada da Clareza de Miguel também pode ser usada como uma ferramenta para discernir suas mensagens. Quando confrontado com confusão ou pensamentos conflitantes, visualize a espada de Miguel, sua lâmina brilhando com uma luz azul-branca brilhante. Veja-o usando esta espada para cortar a confusão, limpando um espaço de verdade onde sua mensagem possa chegar claramente. A cada corte, sinta uma sensação de clareza mental e foco, um lugar onde você pode receber sua orientação sem distração ou dúvida.

    Se você encontrar situações desafiadoras ou decisões difíceis, invoque o Escudo de Proteção de Miguel para criar um espaço mental e emocional seguro para reflexão. Visualize este escudo ao seu redor, uma barreira protetora que afasta quaisquer medos, dúvidas ou pressões externas que possam obscurecer sua percepção. Com este escudo no lugar, você pode se concentrar unicamente na orientação de Miguel, recebendo suas mensagens em um espaço que é calmo, claro e totalmente alinhado com seu bem maior.

    À medida que você aprofunda sua capacidade de reconhecer as mensagens de Miguel, você pode começar a notar um padrão – um fio de orientação que tece através de sua vida, conectando momentos de clareza, sincronicidade e insight. O papel de Miguel como mensageiro não se limita a respostas específicas, mas muitas vezes envolve guiá-lo em direção a uma compreensão maior, ajudando você a ver a interconexão de suas experiências e o propósito por trás delas. Cada mensagem, cada sinal, é um passo neste caminho, levando você para mais perto de uma vida vivida em alinhamento com a vontade divina.

    Para honrar o papel de Miguel como mensageiro, crie o hábito de expressar gratidão por sua orientação. Após cada sessão de comunicação, reserve um momento para agradecê-lo pelas mensagens que ele compartilhou, sejam elas insights claros ou impressões sutis. Em sua mente ou em voz alta, diga: "Obrigado, Arcanjo Miguel, por sua orientação, sua sabedoria e sua presença em minha vida. Sou grato pelas mensagens que você compartilha e pela luz que você traz ao meu caminho." Essa gratidão não apenas fortalece sua conexão com ele, mas também reforça sua abertura a mensagens futuras.

Reconhecer Miguel como mensageiro enriquece sua jornada, oferecendo um fluxo contínuo de insight divino que guia suas escolhas, ações e crescimento. Suas mensagens trazem clareza para momentos de dúvida, força para tempos de desafio e um senso de propósito para o desenrolar de sua vida. Através desta parceria, você aprende a confiar na sabedoria gentil, porém poderosa, que ele oferece, sabendo que cada mensagem é um presente que ilumina o caminho à sua frente.

Ao abraçar Miguel como mensageiro, você cria uma vida onde a orientação divina é uma companhia constante, uma fonte de apoio e compreensão que infunde cada momento com significado. Sua presença se torna um ponto de referência, um lembrete de que você está sempre conectado a uma sabedoria superior, sempre guiado por uma luz que busca apenas o seu bem maior. Através de cada mensagem, cada insight e cada sinal, o papel de Miguel como mensageiro se torna uma parte querida de sua jornada espiritual – uma jornada guiada pela verdade, protegida pelo amor e iluminada pela presença inabalável do Arcanjo Miguel.

Capítulo 29
Dedicando-se a uma Missão Espiritual

Dedicar-se a uma missão espiritual com o Arcanjo Miguel como seu guia é um ato profundo de alinhamento, um compromisso de viver em harmonia com seu propósito mais elevado e contribuir para o bem maior. Miguel, conhecido como o arcanjo da coragem, força e vontade divina, auxilia aqueles que buscam entrar plenamente em sua missão espiritual com clareza e dedicação. Sua energia o capacita a superar obstáculos, liberar dúvidas e abraçar um caminho que traz propósito, realização e serviço aos outros. Com a orientação de Miguel, dedicar-se a uma missão espiritual torna-se não apenas uma jornada pessoal, mas uma contribuição para o mundo, uma maneira de trazer luz e cura para aqueles ao seu redor.

Sua missão espiritual é única, um chamado que ressoa com as partes mais profundas de sua alma. Pode se manifestar como uma forma de serviço, um esforço criativo, um caminho de cura ou simplesmente viver cada dia em alinhamento com compaixão e integridade. Seja qual for a forma que assuma, sua missão reflete os dons, valores e sabedoria que sua alma escolheu trazer para esta vida. Através da dedicação a este caminho, você vive com intenção, cada ação uma expressão de seu eu mais elevado e um passo em direção ao cumprimento do propósito que sua alma veio incorporar.

Para começar sua dedicação a uma missão espiritual, crie um espaço sagrado onde você possa se conectar com a energia de Miguel e se concentrar em suas intenções. Sente-se confortavelmente, feche os olhos e respire fundo algumas vezes, permitindo que sua mente se acalme e seu coração se abra. Invoque Miguel, convidando sua presença para guiá-lo e apoiá-lo enquanto você estabelece a base para sua missão. Em sua mente ou em voz alta, diga: "Arcanjo Miguel, peço sua orientação para descobrir e me dedicar à minha missão espiritual. Ajude-me a ver com clareza, a agir com coragem e a servir com amor e integridade."

Ao convidar a presença de Miguel, visualize-o ao seu lado, cercado por uma luz azul radiante. Sua presença traz uma sensação de força, clareza e apoio inabalável, um lembrete de que ele caminhará com você nesta jornada, ajudando-o a superar quaisquer medos ou obstáculos que possam surgir. Sinta a energia dele preenchendo o espaço, criando uma atmosfera de calma e propósito que o centraliza na prontidão para a missão que está por vir.

Para obter clareza sobre sua missão espiritual, reflita sobre momentos de profunda realização ou inspiração que tocaram sua vida. Esses momentos frequentemente contêm pistas para o propósito de sua alma, guiando-o em direção às atividades, pessoas ou valores que mais ressoam com seu verdadeiro eu. Recorde essas experiências em detalhes – o que você estava fazendo, como se sentiu e quais qualidades você incorporou naqueles momentos? Ao trazer essas memórias à mente, peça a Miguel para destacar quaisquer padrões ou temas, ajudando-o a ver as maneiras pelas quais essas experiências se conectam à sua missão.

Outra maneira de se conectar com sua missão é identificar seus valores e pontos fortes centrais. Reserve um tempo para refletir sobre as qualidades que parecem mais importantes para você – como compaixão, verdade, criatividade ou resiliência. Esses valores estão frequentemente ligados diretamente à sua missão, representando a essência do que sua alma deseja expressar nesta vida. Anote essas qualidades, permitindo que cada palavra sirva como uma pedra de toque para sua jornada. Com a presença de Miguel ao seu lado, peça-lhe para ajudá-lo a entender como esses valores podem ser tecidos em sua missão, guiando-o a expressá-los por meio de atos de serviço, criação ou cura.

Para aprofundar sua compreensão, peça a Miguel para revelar quaisquer dons ou habilidades espirituais que façam parte de sua missão. Esses dons podem incluir percepções intuitivas, habilidades de cura, talentos artísticos ou até mesmo a capacidade de inspirar outras pessoas por meio da bondade e sabedoria. Mantenha a intenção de descobrir esses dons e diga: "Arcanjo Miguel, ajude-me a reconhecer meus dons espirituais e a entender como eles apoiam minha missão." Esteja aberto a quaisquer imagens, palavras ou sensações que surjam, confiando que Miguel o está guiando para ver os dons que são exclusivamente seus para compartilhar com o mundo.

Depois de ter uma ideia mais clara de sua missão, realize um ritual de dedicação para formalizar seu compromisso. Comece acendendo uma vela azul ou branca como um símbolo da presença de Miguel, um lembrete de que sua luz o guiará em cada passo do caminho. Coloque as mãos sobre o coração e feche os olhos, conectando-se com a intenção de se dedicar à sua missão. Em sua mente ou em voz alta, diga: "Arcanjo Miguel, eu me dedico à minha missão espiritual. Comprometo-me a viver com propósito, a servir com amor e a incorporar as mais elevadas qualidades de minha alma. Com sua orientação, comprometo-me a trilhar este caminho com coragem e integridade."

Enquanto você fala, visualize Miguel diante de você, segurando sua Espada de Luz. Imagine-o usando esta espada para traçar um círculo de luz ao seu redor, selando sua dedicação e criando um limite sagrado que mantém sua missão em proteção e força. Este círculo representa seu compromisso, um espaço onde você pode crescer e cumprir seu propósito sem interferência de dúvidas ou negatividade. Sinta a energia deste compromisso se instalando dentro de você, fundamentando-o em um senso de propósito que é ao mesmo tempo expansivo e profundamente enraizado.

Para apoio contínuo, estabeleça uma prática diária de conexão com Miguel para reforçar sua dedicação. Todas as manhãs, reserve um momento para convidar sua presença, definindo a intenção de se alinhar com sua missão. Coloque a mão sobre o coração e diga: "Arcanjo Miguel, guie-me para agir com propósito hoje, para viver em alinhamento com minha missão e para servir com amor e verdade." Essa dedicação diária o mantém conectado ao seu propósito, um lembrete gentil de que cada ação, por menor que seja, contribui para o cumprimento de sua missão.

Gratidão e reflexão são práticas essenciais para manter o alinhamento com sua missão. No final de cada dia, reserve alguns momentos para refletir sobre as maneiras pelas quais você honrou sua missão, seja por meio de um ato de bondade, um momento de insight ou simplesmente permanecendo fiel aos seus valores. Ofereça gratidão a Miguel por sua orientação, reconhecendo seu papel em ajudá-lo a cumprir seu propósito. Em sua mente ou em voz alta, diga: "Obrigado, Arcanjo Miguel, por me guiar em minha missão, por sua força e por sua luz. Sou grato por seu apoio e presença."

Se surgirem desafios ao longo do caminho, use a Espada de Luz de Miguel para cortar quaisquer dúvidas ou obstáculos que possam impedir seu caminho. Visualize Miguel ao seu lado, segurando sua espada, sua lâmina brilhando com uma luz azul-branca brilhante. Veja-o usando esta espada para cortar quaisquer medos, distrações ou pressões externas que obscureçam seu senso de propósito. A cada corte, sinta-se mais claro, mais focado e mais alinhado com sua missão. Este ato serve como um lembrete de que você tem a força e a clareza necessárias para se manter fiel ao seu caminho.

Para momentos de incerteza, o Escudo Azul de Proteção de Miguel pode fornecer conforto e estabilidade, especialmente quando as demandas de sua missão parecem desafiadoras. Visualize seu escudo ao seu redor, uma barreira que impede quaisquer influências negativas ou dúvidas. Este escudo permite que você permaneça firme e comprometido, mesmo quando enfrenta dificuldades. Com a proteção de Miguel, você pode se concentrar unicamente em sua missão, fundamentado no conhecimento de que é apoiado e guiado.

À medida que você continua a viver em dedicação à sua missão, você pode notar uma transformação dentro de si mesmo – um senso mais profundo de realização, uma clareza de propósito e uma força silenciosa que o sustenta em cada desafio e triunfo. A presença de Miguel torna-se uma fonte de apoio inabalável, um lembrete de que você nunca está sozinho em sua busca por uma vida alinhada com a vontade divina. Cada dia dedicado a honrar sua missão o aproxima do cerne de quem você é, uma personificação do amor, sabedoria e luz que Miguel inspira em você.

Dedicar-se a uma missão espiritual é uma profunda jornada de crescimento, serviço e autodescoberta. Com Miguel como seu guia, você trilha este caminho com coragem, propósito e um senso de conexão com algo maior do que você mesmo. Sua presença é uma companhia constante, uma fonte de proteção, orientação e encorajamento que fortalece seu compromisso de viver em alinhamento com o propósito de sua alma.

Através de cada ato de serviço, cada momento de integridade e cada escolha para permanecer fiel à sua missão, você traz a luz de Miguel para o mundo, um reflexo do propósito divino que você está aqui para cumprir. Com o apoio de Miguel, sua missão espiritual se torna mais do que uma jornada pessoal; torna-se um farol de esperança e amor que irradia para fora, tocando vidas, elevando espíritos e contribuindo para a cura do mundo.

Esta é a essência de se dedicar a uma missão espiritual com o Arcanjo Miguel – uma vida vivida em alinhamento, um caminho trilhado na fé e uma jornada apoiada pela força e sabedoria do divino. Através desta dedicação, você abraça seu papel como portador de luz, uma alma comprometida com o bem maior, para sempre guiada pela presença inabalável do Arcanjo Miguel.

Capítulo 30
Alcançando a Ascensão Espiritual

A ascensão espiritual é o processo de elevar a consciência a níveis mais altos de percepção, alinhamento e compreensão. É uma jornada de liberação de energias inferiores, expansão para a sabedoria divina e incorporação do seu potencial mais elevado. Com o Arcanjo Miguel como guia, o caminho da ascensão se torna uma jornada de profunda transformação, marcada por sua proteção, força e clareza. O papel de Miguel na ascensão é ajudá-lo a transcender limitações e medos, iluminando um caminho que leva à união com seu verdadeiro eu e com a fonte divina. Sua energia serve como uma âncora firme que fundamenta seu crescimento espiritual, permitindo que você se expanda com segurança e propósito. A jornada da ascensão não é uma fuga do mundo físico, mas sim o abraçar de uma realidade mais plena, onde o espiritual e o físico se fundem harmoniosamente. A orientação de Miguel traz clareza a cada passo, ajudando você a liberar o que não lhe serve mais e a cultivar qualidades que refletem sua essência divina.

Comece seu trabalho de ascensão estabelecendo uma base sólida em alinhamento intencional com a energia de Miguel. Encontre um espaço sagrado e tranquilo onde você possa se concentrar sem distrações. Sente-se confortavelmente, feche os olhos e respire fundo algumas vezes, permitindo que cada expiração libere qualquer tensão ou pensamentos dispersos. Convide Miguel para se juntar a você, definindo a intenção de se alinhar totalmente com seu caminho mais elevado. Em sua mente ou em voz alta, diga: "Arcanjo Miguel, eu o invoco para me guiar em minha jornada de ascensão. Cerque-me com sua proteção, ancore-me em sua força e conduza-me à expressão mais elevada da minha alma."

Enquanto fala, visualize a luz azul de Miguel ao seu redor, uma aura protetora que ancora e eleva sua energia. Sinta a presença dele ancorando você, criando um espaço seguro onde você pode liberar padrões antigos e se expandir para novos níveis de consciência. Esta luz azul é um lembrete de que não importa o quão alto sua consciência se eleve, a orientação de Miguel o manterá estável e claro.

Uma das principais práticas para a ascensão espiritual é a elevação meditativa – uma técnica de meditação que ajuda a elevar sua vibração e a se conectar com reinos superiores de consciência. Comece visualizando-se cercado por uma luz dourada, uma energia radiante que representa o amor e a sabedoria divinos. Ao respirar, sinta essa luz dourada se expandindo, elevando você suavemente a níveis mais altos de consciência. Imagine Miguel ao seu lado, sua energia entrelaçada com a sua, agindo como uma força estabilizadora que o mantém equilibrado enquanto você ascende.

Neste estado elevado, você pode experimentar sentimentos de paz, unidade ou uma sensação elevada de clareza. Permita que essas sensações fluam através de você, confiando que a presença de Miguel o mantém ancorado. Quando se sentir pronto, retorne gentilmente seu foco para seu corpo físico, trazendo consigo quaisquer insights ou sensações deste reino superior. Esta prática de elevação meditativa ajuda você a se aclimatar a vibrações mais elevadas, permitindo que você integre essas energias gradualmente e com o apoio de Miguel.

Limpar as energias inferiores é um passo crucial na ascensão, pois liberta você de apegos e padrões que podem estar te segurando. Visualize Miguel diante de você, segurando sua Espada de Luz, sua chama azul iluminando o espaço ao seu redor. Veja-o usando a espada para cortar quaisquer cordões, apegos ou energias negativas que permaneçam em seu campo. A cada corte, sinta uma sensação de libertação, uma liberação dos pesos do passado. Essa limpeza cria espaço para que frequências mais altas entrem, alinhando você com seu eu ascensionado e limpando quaisquer energias que não sirvam mais ao seu caminho.

Para ancorar essas energias superiores, pratique a incorporação de qualidades divinas com a orientação de Miguel. Escolha qualidades que ressoem com seu eu ascensionado, como compaixão, sabedoria, coragem ou amor. Ao se concentrar em cada qualidade, convide Miguel para amplificá-la dentro de você. Por exemplo, se você escolher compaixão, visualize uma luz rosa radiante em seu coração, expandindo-se a cada respiração. Imagine a luz de Miguel se fundindo com este brilho rosa, fortalecendo e aprofundando sua capacidade de compaixão. Esta prática não é apenas um ato de incorporação, mas um alinhamento com a essência da ascensão – um estado onde suas qualidades internas refletem o divino.

O alinhamento e a ativação dos chakras são essenciais para manter um estado vibracional elevado durante a ascensão. Com a orientação de Miguel, trabalhe em cada chakra, começando pela raiz e subindo. Para cada chakra, visualize uma luz vibrante na cor correspondente, expandindo e limpando quaisquer bloqueios. À medida que você se move por cada chakra, convide a luz de Miguel para se fundir com a sua, harmonizando e elevando seus centros de energia. Este alinhamento cria um canal suave e aberto para que a energia divina flua através de você, apoiando sua jornada de ascensão com equilíbrio e clareza.

Em tempos de intensidade energética, o aterramento com o Escudo Azul de Miguel é essencial para permanecer centrado. A ascensão às vezes pode trazer sentimentos de tontura, desorientação ou até mesmo ansiedade, à medida que sua energia se ajusta a frequências mais altas. Para se aterrar, visualize o Escudo Azul de Miguel ao seu redor, uma barreira firme e resiliente que o mantém ancorado à terra. Sinta a energia deste escudo estabilizando você, criando uma sensação de calma e segurança que lhe permite processar energias superiores sem se sentir sobrecarregado.

Durante sua jornada de ascensão, você pode encontrar momentos de insight espiritual ou visões. A Espada da Clareza de Miguel é inestimável para discernir essas experiências e entender seu verdadeiro significado. Quando você receber uma visão ou mensagem, visualize a espada de Miguel iluminando a cena, cortando qualquer confusão ou má interpretação. Com sua orientação, permita-se perceber a verdade por trás de cada experiência, discernindo o que se alinha com seu caminho e liberando qualquer coisa que pareça obscura ou desalinhada.

Para aprofundar sua conexão com a fonte divina, a meditação centrada no coração com Miguel pode elevar sua consciência e abri-lo a profundos insights espirituais. Coloque a mão sobre o coração e visualize uma pequena chama azul dentro dele, uma faísca da energia de Miguel. A cada respiração, sinta essa chama se expandindo, irradiando calor, amor e sabedoria divina. Permita que essa chama preencha todo o seu ser, elevando você a um estado de unidade com o divino. Este foco centrado no coração aproxima você de sua essência, alinhando-o com os aspectos mais puros do propósito de sua alma.

Intenções diárias são uma forma poderosa de ancorar sua jornada de ascensão. Todas as manhãs, defina uma intenção simples de se alinhar com seu caminho mais elevado e de incorporar qualidades divinas. Diga: "Hoje, eu me alinho com meu eu superior, guiado pelo Arcanjo Miguel. Que eu possa caminhar em amor, sabedoria e verdade." Essa intenção age como um lembrete de seu compromisso com a ascensão, ajudando você a trazer a consciência espiritual para cada momento e ação. Com o apoio de Miguel, essa intenção se torna um ponto de ancoragem, uma pedra de toque que guia seu dia e o mantém alinhado com seus objetivos espirituais.

Refletir sobre seu progresso é outro elemento essencial da jornada de ascensão. A cada dia, reserve um momento para reconhecer quaisquer insights, crescimento ou mudanças de percepção que você experimentou. Ofereça gratidão a Miguel por sua orientação, expressando agradecimento por cada passo que ele o ajudou a dar. Em sua mente ou em voz alta, diga: "Obrigado, Arcanjo Miguel, por me guiar em meu caminho de ascensão. Sou grato por sua luz e pela sabedoria que você compartilha comigo." Essa gratidão fortalece sua conexão com Miguel, reforçando o vínculo que sustenta sua jornada.

Ao longo do processo de ascensão, permaneça aberto à transformação interior. A presença de Miguel o encoraja a liberar velhas identidades, medos e limitações que podem não estar mais alinhadas com seu verdadeiro eu. Cada liberação é uma oportunidade de se aproximar de sua expressão mais elevada, de incorporar uma versão de si mesmo que reflete a verdade divina. Confie nessa transformação, sabendo que a orientação de Miguel o ajudará a navegar pelas mudanças com graça e força.

À medida que você continua neste caminho, você pode notar um aprofundamento da sensação de paz, clareza e unidade com toda a vida. Esta é a essência da ascensão – uma elevação de sua consciência que o aproxima da fonte divina, um estado onde você experimenta a vida como uma expressão de amor, sabedoria e interconexão. A presença de Miguel se torna uma companhia constante nesta jornada, um protetor que mantém seu espírito firme enquanto você se expande em seu eu superior.

Alcançar a ascensão espiritual com a orientação de Miguel é uma jornada de profunda transformação, um caminho que o leva ao coração de sua essência divina. Cada prática, cada momento de liberação e cada ato de alinhamento o aproxima de uma vida de maior consciência, uma vida infundida com propósito, paz e unidade. Com o apoio inabalável de Miguel, você trilha este caminho com coragem e clareza, entrando em um estado de ser onde você incorpora a verdade divina de quem você é.

Ao abraçar a jornada da ascensão, você cria uma vida que reflete a luz, a sabedoria e o amor da fonte divina. Através de cada passo, cada insight e cada transformação, você cumpre o potencial sagrado de sua alma, ascendendo a uma vida que é guiada, protegida e elevada pela presença eterna do Arcanjo Miguel.

Capítulo 31
Celebrando Festividades Sagradas

Celebrar festividades sagradas com o Arcanjo Miguel é um convite para honrar momentos divinos de significado espiritual e aprofundar seu relacionamento com sua presença protetora e orientadora. Essas celebrações são mais do que tradições; são rituais que o alinham com os ritmos divinos, convidando a força, a sabedoria e as bênçãos de Miguel para sua vida. Através dessas festividades, você se reconecta com tradições espirituais que transcendem tempo e espaço, homenageando a luz e o propósito que Miguel representa. Ao fazer isso, você cria um profundo senso de conexão, não apenas com Miguel, mas também com outros que trilharam este caminho, honrando o elo eterno entre o divino e a humanidade.

Festividades sagradas podem variar amplamente, baseando-se em tradições espirituais que celebram Miguel como guardião e protetor. Quer você observe os dias de festa tradicionais, eventos celestiais ou momentos de significado pessoal, cada ocasião é uma oportunidade para convidar a energia de Miguel para sua vida com intenção e gratidão.

Um dos dias de festa mais universalmente celebrados para o Arcanjo Miguel é o Dia de São

Miguel (Michaelmas), em 29 de setembro. Este dia, também conhecido como a Festa dos Arcanjos, é um momento para honrar Miguel como um defensor da verdade e uma fonte de proteção divina. Comece o dia montando um altar dedicado a Miguel. Inclua itens que ressoem com sua energia, como uma vela azul, cristais como lápis-lazúli ou selenita e imagens de Miguel. Você também pode incluir símbolos de força e coragem, como uma pequena espada ou uma pena, para representar suas qualidades.

Ao acender a vela, convide a presença de Miguel para o seu espaço, dizendo: "Arcanjo Miguel, eu o honro neste dia sagrado. Que sua luz proteja, guie e me abençoe." Sinta a energia dele ao seu redor, sua luz enchendo o ambiente com uma sensação de paz e força. Reserve alguns momentos para refletir sobre as qualidades de Miguel e seu papel em sua vida, permitindo que sua energia o inspire ao longo do dia. Este simples ato de intenção estabelece um tom de reverência e convida as bênçãos de Miguel para sua celebração.

Um ritual chave para o Dia de São Miguel é a Bênção da Espada de Luz. Visualize a espada de Miguel, uma lâmina brilhante de luz azul-branca, estendendo-se em suas próprias mãos. Esta espada representa coragem, verdade e proteção divina. Mantenha a intenção de que a espada de Miguel o guiará para permanecer em sua verdade e agir com integridade. Diga: "Com a Espada de Luz de Miguel, eu me comprometo a trilhar um caminho de coragem e honra. Que sua força esteja comigo em tudo que eu fizer." Esta bênção é uma afirmação de sua conexão com a força de Miguel, um compromisso de incorporar suas qualidades em sua própria vida.

Outra maneira poderosa de honrar Miguel durante as festividades sagradas é realizar uma cerimônia de fogo. O fogo, como símbolo de transformação e poder divino, ressoa com a energia de Miguel. Se for seguro e prático, acenda uma pequena fogueira ou uma vela cerimonial ao ar livre. Fique diante da chama, visualizando a presença de Miguel na luz. Ao olhar para a chama, libere quaisquer medos, dúvidas ou fardos que você deseja entregar. Diga: "Arcanjo Miguel, eu libero tudo o que não me serve mais em sua luz. Que seu fogo transforme e renove meu espírito." Sinta uma sensação de purificação, como se a energia de Miguel estivesse limpando o velho, criando espaço para renovação e crescimento.

Durante essas festividades sagradas, considere criar uma oração de dedicação a Miguel. Escreva esta oração em um diário ou em um pedaço de papel que você coloque em seu altar. Esta oração pode ser uma simples expressão de sua gratidão e reverência, bem como um pedido pela orientação e proteção contínuas de Miguel. Um exemplo pode ser: "Arcanjo Miguel, eu dedico meu caminho à sua orientação. Que sua luz guarde meus passos, sua sabedoria guie minhas escolhas e sua coragem encha meu coração. Eu honro sua presença em minha vida e convido suas bênçãos sobre este dia sagrado."

Certos eventos celestiais, como os equinócios e solstícios, também possuem significado espiritual e servem como momentos significativos para honrar a orientação de Miguel. O equinócio, quando o dia e a noite são iguais, simboliza equilíbrio e pode ser celebrado com a energia de justiça e harmonia de Miguel. Durante um equinócio, crie um ritual simples de equilíbrio acendendo duas velas – uma para representar a luz e outra para a escuridão. Convide Miguel para abençoar este equilíbrio em sua vida, dizendo: "Arcanjo Miguel, eu busco equilíbrio dentro e ao meu redor. Guie-me em harmonia, trazendo luz às sombras e paz à minha alma." Este ritual é uma oferenda de alinhamento, uma maneira de honrar o papel de Miguel como um equilibrador de energias.

O solstício de inverno pode ser outra ocasião profundamente espiritual para celebrar com a presença de Miguel. Como a noite mais longa do ano, simboliza o retorno da luz, uma metáfora poderosa para a presença protetora e iluminadora de Miguel. Nesta noite, acenda uma vela azul e sente-se em reflexão silenciosa, acolhendo a promessa de luz que segue a hora mais escura. Visualize a luz de Miguel crescendo dentro de você, enchendo-o de esperança e força. Diga: "Arcanjo Miguel, como a luz retorna, que sua presença me guie através de tudo o que é escuro. Seja minha luz em cada momento, minha força em cada desafio."

Marcos pessoais, como aniversários ou o aniversário de um evento significativo, também podem servir como momentos sagrados para honrar a orientação de Miguel em sua vida. Nestes dias, crie um ritual de gratidão, reconhecendo o papel que Miguel desempenhou em sua jornada. Escreva uma carta para ele, expressando sua gratidão por sua proteção, força e sabedoria ao longo do ano passado. Reflita sobre os momentos em que você sentiu sua presença e ofereça seu compromisso de continuar caminhando com sua orientação. Coloque a carta em seu altar, permitindo que ela sirva como um lembrete de sua conexão e dedicação.

Para qualquer festividade sagrada, considere realizar uma comunhão meditativa com Miguel. Comece sentando-se em silêncio, fechando os olhos e convidando sua presença para o seu coração. Visualize Miguel como uma figura radiante de luz diante de você, sua energia calma, forte e amorosa. Neste estado meditativo, peça-lhe para compartilhar quaisquer mensagens, insights ou bênçãos que ele deseja oferecer. Esteja aberto a quaisquer imagens, sensações ou palavras que surjam, confiando que Miguel está se comunicando diretamente com seu espírito. Esta comunhão permite que você aprofunde seu relacionamento com ele, trazendo suas bênçãos para sua consciência de uma forma pessoal e significativa.

Ao concluir cada festividade, ofereça gratidão pela presença de Miguel. Em sua mente ou em voz alta, diga: "Obrigado, Arcanjo Miguel, por se juntar a mim nesta celebração. Eu honro sua orientação, sua proteção e sua luz em minha vida." Esta gratidão serve como um encerramento do ritual, um reconhecimento respeitoso das bênçãos e insights que Miguel compartilhou com você. Com este encerramento, você honra tanto a ocasião sagrada quanto o relacionamento contínuo que você tem com ele.

Festividades sagradas com Miguel trazem um senso de propósito, paz e conexão divina aos momentos que você escolhe celebrar. Cada ritual, bênção e oração é um passo mais profundo no vínculo sagrado que você compartilha com ele, um caminho que convida sua presença não apenas em dias especiais, mas em todos os aspectos de sua vida. Essas festividades criam um ritmo espiritual, uma série de momentos em que o divino entra no cotidiano, lembrando-o da luz, proteção e orientação que Miguel oferece.

À medida que você continua a celebrar esses momentos sagrados com Miguel, você pode descobrir que sua presença se torna mais tangível, sua orientação mais intuitiva e sua proteção mais prontamente sentida. Através de cada festividade, você fortalece sua conexão com o divino, criando uma vida onde a celebração espiritual e a orientação divina são tecidas na trama de sua experiência cotidiana. Esses momentos sagrados não são isolados; eles são parte de um continuum, uma jornada onde cada celebração, cada oração e cada intenção o aproxima do propósito divino que você compartilha com o Arcanjo Miguel.

Através dessas celebrações, você trilha um caminho iluminado por sua luz, um caminho onde seu espírito se eleva para encontrar o divino em amor, reverência e unidade. Esta é a essência de celebrar festividades sagradas com Miguel – uma jornada de honra, conexão e abertura à presença eterna do Arcanjo Miguel, uma jornada que enriquece seu espírito e traz suas bênçãos ao mundo.

Capítulo 32
Explorando os Ensinamentos Esotéricos

Explorar os ensinamentos esotéricos associados ao Arcanjo Miguel abre as portas para a sabedoria antiga, o conhecimento sagrado e as verdades ocultas sobre a natureza do divino e o papel dos anjos na evolução humana. Miguel, como uma poderosa figura espiritual em várias tradições místicas, carrega significados e lições que vão além de seu papel como protetor e guerreiro. Sua presença tem sido reverenciada não apenas em contextos religiosos tradicionais, mas também em ensinamentos místicos que o veem como um guia no despertar espiritual, na transformação e no alinhamento cósmico. Ao mergulhar nos aspectos esotéricos de Miguel, você entra em um reino mais profundo de compreensão, onde as camadas de sua presença simbólica revelam insights profundos sobre os mistérios da existência.

Os ensinamentos esotéricos de Miguel se estendem muito além de seu papel nas batalhas contra a escuridão; eles o retratam como uma ponte entre os reinos físico e espiritual, um guardião da verdade espiritual e uma força que apoia a jornada da humanidade em direção à iluminação. Compreender esses aspectos convida você a ver Miguel não apenas como um protetor, mas como um professor, um guia sábio que ilumina o caminho da autodescoberta, da cura e da conexão com a fonte divina.

Para começar a explorar os ensinamentos esotéricos de Miguel, primeiro estabeleça a intenção de se abrir para as camadas mais profundas de sua presença. Encontre um espaço tranquilo e confortável onde você possa refletir sem interrupções. Feche os olhos e respire fundo algumas vezes, liberando quaisquer distrações. Ao respirar, convide Miguel para guiá-lo ao coração de seus mistérios, dizendo: "Arcanjo Miguel, eu me abro à sua antiga sabedoria. Revele-me as verdades ocultas, os ensinamentos que guiam meu espírito em direção à unidade e à iluminação." Sinta a presença dele ao seu redor, uma energia calma e sábia que o convida a viajar além da superfície e para as profundezas de sua natureza esotérica.

Um dos aspectos centrais dos ensinamentos esotéricos de Miguel é seu papel como Guardião da Luz e da Verdade. Em muitas tradições místicas, Miguel é visto como o guardião da verdade divina, uma força que ilumina e protege a sabedoria eterna do universo. Como Guardião da Luz, diz-se que a presença de Miguel dissipa ilusões, libertando a alma dos apegos a falsas identidades e ilusões mundanas. Para se conectar com esse aspecto de Miguel, envolva-se em uma prática de auto-inquirição. Sente-se em silêncio e faça a si mesmo perguntas que revelem a essência de quem você é além dos papéis sociais e da história pessoal. Com a orientação de Miguel, procure descobrir o verdadeiro eu, o espírito que é eterno, sábio e livre das definições mundanas.

Para aprofundar essa prática, visualize a Espada da Verdade de Miguel cortando camadas de condicionamento e ilusão. Imagine esta espada iluminando aspectos ocultos de sua consciência, trazendo clareza e compreensão. Ao sentir a energia de Miguel, permita que quaisquer percepções ou limitações falsas se dissolvam. Este exercício, embora sutil, é uma maneira poderosa de entender as verdades mais profundas que Miguel representa e de incorporar sua clareza e insight em sua própria jornada de auto-realização.

Nos ensinamentos esotéricos, Miguel também é conhecido como o Guardião da Ordem Cósmica, um arcanjo que mantém o equilíbrio e a harmonia entre os mundos. Este papel o alinha com os princípios do equilíbrio universal, onde dualidades como luz e escuridão, criação e destruição, trabalham juntas para criar um todo unificado. Para explorar esse aspecto, medite sobre o conceito de equilíbrio cósmico com Miguel. Visualize-o segurando uma balança azul radiante, um símbolo do equilíbrio harmonioso que sustenta o universo. Reflita sobre áreas de sua vida que podem estar fora de equilíbrio, pedindo a Miguel para ajudá-lo a restaurar o equilíbrio. Em sua mente ou em voz alta, diga: "Arcanjo Miguel, guie-me em direção ao equilíbrio e harmonia em todas as áreas da minha vida. Ajude-me a me alinhar com a ordem cósmica e fluir com os ritmos divinos."

Esta meditação sobre a ordem cósmica oferece uma maneira profunda de se conectar com o papel de Miguel como guardião do equilíbrio, ajudando você a viver em harmonia com as leis universais e a honrar os ciclos sagrados de criação, crescimento e transformação.

A conexão de Miguel com a geometria sagrada é outro aspecto esotérico de seus ensinamentos. A geometria sagrada é frequentemente vista como o projeto da criação, padrões e símbolos que refletem a harmonia e a ordem divinas. Muitos místicos associam Miguel à geometria do hexágono, um símbolo que representa equilíbrio, estabilidade e proteção. Para trabalhar com esse aspecto de Miguel, desenhe um hexágono ou visualize um em sua mente. Imagine a luz de Miguel preenchendo esta forma, amplificando suas qualidades de equilíbrio e proteção. Use este símbolo como um foco de meditação, permitindo que a energia de Miguel harmonize sua mente, corpo e espírito com a estrutura divina do universo.

Outro ensinamento esotérico associado a Miguel é seu papel como guia no processo de alquimia espiritual. A alquimia espiritual é a transformação de energias inferiores em estados superiores de consciência, uma jornada de transformar o "chumbo" das emoções básicas no "ouro" da sabedoria e do amor espirituais. Miguel é frequentemente visto como um mentor neste processo, guiando a alma através de estágios de purificação, insight e transformação. Para se conectar com esse aspecto, envolva-se em uma meditação de alquimia interior com Miguel. Visualize uma chama azul dentro de seu coração, uma faísca da energia de Miguel que purifica e eleva quaisquer pensamentos, emoções ou apegos inferiores. A cada respiração, veja esta chama crescendo mais brilhante, transformando qualquer coisa pesada ou escura em luz pura.

Através deste processo, Miguel ajuda você a transmutar desafios internos, medos e limitações, guiando-o em direção a um estado de clareza e compreensão divina. Esta jornada de alquimia não é apenas sobre cura pessoal, mas também sobre se alinhar com seu potencial espiritual mais elevado, movendo-se mais perto da verdade de quem você é.

Muitos ensinamentos esotéricos também veem Miguel como um Guardião do Plano Etérico, uma dimensão que existe entre os reinos físico e espiritual. Acredita-se que o plano etérico seja o reino da essência espiritual, onde arquétipos e energias divinas residem antes de se manifestarem no mundo material. Como guardião deste plano, diz-se que Miguel ajuda aqueles que buscam uma compreensão mais profunda de suas origens e propósito espirituais. Para explorar esse aspecto, use a meditação de viagem etérica com a proteção de Miguel. Comece imaginando a luz azul de Miguel formando um escudo ao seu redor, um limite que garante sua segurança. Neste estado protegido, permita-se relaxar profundamente, convidando Miguel para guiar sua consciência para o plano etérico. Esteja aberto a quaisquer impressões, imagens ou sensações que surjam, confiando que a energia de Miguel está guiando você com segurança através desta exploração.

Em algumas tradições místicas, Miguel também é visto como um Guardião dos Registros Akáshicos, a vasta biblioteca de todas as experiências e conhecimentos da alma através do tempo e do espaço. Acessar os Registros Akáshicos é frequentemente pensado para trazer insights sobre vidas passadas, lições atuais e potencial futuro. Para se conectar com Miguel nessa capacidade, visualize uma grande biblioteca cheia de luz. Imagine Miguel parado em frente à entrada, um guardião que garante que apenas aqueles com intenções puras possam entrar. Em sua mente ou em voz alta, diga: "Arcanjo Miguel, conceda-me acesso ao conhecimento que guiará meu caminho mais elevado. Revele-me os insights que se alinham com meu crescimento e verdade." Permita que a presença de Miguel abra o caminho, ajudando você a acessar a sabedoria que pode iluminar sua jornada espiritual.

Finalmente, o papel de Miguel como guia no processo de evolução da alma é central para seus ensinamentos esotéricos. Ele é visto como um ser que auxilia as almas em sua progressão através das vidas, ajudando-as a aprender, crescer e se mover em direção à unidade com o divino. Para honrar esse aspecto, reflita sobre as lições que você encontrou em sua vida e como cada uma contribuiu para a evolução de sua alma. Com a orientação de Miguel, veja essas experiências como parte de uma jornada maior, um caminho que o leva em direção à totalidade espiritual. Em reflexão silenciosa, peça a Miguel para lhe mostrar como cada desafio, cada sucesso e cada momento de transformação tem sido parte de seu crescimento.

Explorar esses aspectos esotéricos de Miguel enriquece sua compreensão de sua presença, transformando-o de um protetor em um profundo professor e guia espiritual. Seus ensinamentos revelam camadas de conhecimento divino, oferecendo um caminho de crescimento que o conecta com os mistérios do universo e a sabedoria de sua própria alma. Ao se conectar com Miguel dessas maneiras mais profundas, você não apenas recebe sua proteção, mas também se alinha com a antiga sabedoria que ele carrega, sabedoria que o capacita a viver com clareza, força e propósito.

No final de cada sessão de exploração, expresse gratidão pela sabedoria que Miguel compartilhou. Em sua mente ou em voz alta, diga: "Obrigado, Arcanjo Miguel, por revelar seus antigos ensinamentos e por me guiar no caminho da verdade e da iluminação. Eu honro sua sabedoria e sou grato por sua luz em minha vida." Esta gratidão reforça seu vínculo com ele, um lembrete da conexão sagrada que vocês compartilham.

À medida que você continua explorando os ensinamentos esotéricos de Miguel, você pode notar uma transformação dentro de si mesmo - um senso mais profundo de conexão, uma consciência aumentada e um alinhamento com a verdade divina. Seus ensinamentos o encorajam a transcender as limitações do mundo material, convidando-o a uma vida guiada pela visão espiritual, força e amor. Através destes ensinamentos, você trilha um caminho iluminado pela luz de Miguel, uma jornada que o aproxima cada vez mais dos mistérios divinos da existência e da sabedoria que reside em seu interior. Este é o cerne da exploração dos ensinamentos esotéricos com Miguel - uma jornada ao conhecimento antigo, guiada por uma presença que transcende o tempo e o leva em direção ao eterno.

Capítulo 33
Honrando o Legado Espiritual

Honrar o legado espiritual do Arcanjo Miguel é uma jornada pelo impacto atemporal que ele teve no desenvolvimento espiritual, proteção e orientação da humanidade. O legado de Miguel, tecido através de séculos de devoção, mito e mistério, vai muito além das experiências individuais. Abrange a jornada coletiva de despertar espiritual, coragem e transformação. Honrar este legado é conectar-se com as incontáveis almas que encontraram força, esperança e propósito através de sua presença, e levar sua luz adiante para as futuras gerações.

O legado espiritual de Miguel é encontrado em várias tradições, arte, escrituras e locais sagrados ao redor do mundo. Cada representação, história e lugar serve como um receptáculo para sua energia, um testemunho duradouro de seu papel como protetor divino, um guerreiro da luz e um mensageiro da verdade. Ao se envolver com esses legados, você aprofunda sua compreensão da missão espiritual de Miguel e convida sua influência para sua própria vida. Honrar este legado se torna tanto um ato de lembrança quanto uma renovação de compromisso, à medida que você permite que a energia de Miguel inspire sua jornada e eleve aqueles ao seu redor.

Comece conectando-se com símbolos e artefatos sagrados associados a Miguel. Símbolos como a espada, o escudo e a chama azul são representações de suas qualidades — coragem, proteção e transformação. Crie um espaço em sua casa ou área de meditação onde esses símbolos sejam exibidos, honrando-os como lembretes da presença duradoura de Miguel. Você pode incluir uma pequena réplica de espada, uma vela azul ou cristais que ressoem com sua energia, como lápis-lazúli ou selenita. Cada vez que você se aproximar deste espaço, reflita sobre o legado de Miguel, seu impacto em sua vida e os inúmeros outros que o invocaram.

A arte, particularmente pinturas e esculturas clássicas de Miguel, preservou sua imagem como um radiante guerreiro da luz. Envolva-se com essas representações visitando galerias, igrejas ou visualizando imagens de Miguel na arte, reservando um tempo para meditar sobre a força e a beleza que elas transmitem. Cada peça reflete a reverência da humanidade por Miguel e seu papel atemporal como defensor da verdade. Enquanto contempla essas obras, sinta uma conexão com os artistas e crentes que encontraram inspiração em sua presença. Visualize a energia de Miguel emanando dessas imagens, como se ele estivesse diante de você, sua luz imutável através dos tempos.

Escrituras e textos sagrados, incluindo aqueles das tradições cristã, judaica e islâmica, descrevem o papel divino de Miguel e suas intervenções. Passe algum tempo lendo essas passagens, permitindo que elas aprofundem sua compreensão de sua missão espiritual. Ao ler, peça a orientação de Miguel para revelar a essência dessas palavras, permitindo que sua sabedoria ressoe dentro de você. Os exemplos incluem as batalhas de Miguel contra a escuridão, seu papel como protetor de almas e sua influência em momentos de revelação. Ao se envolver com esses escritos, você honra os ensinamentos espirituais que trouxeram o legado de Miguel para inúmeras vidas.

A peregrinação a locais sagrados dedicados a Miguel também pode ser uma maneira poderosa de honrar seu legado. Em todo o mundo, inúmeros santuários, capelas e igrejas são dedicados a ele, como o Mont Saint-Michel na França, o Saint Michael's Mount na Inglaterra e a Sacra di San Michele na Itália. Visitar esses locais oferece uma experiência única da presença de Miguel, pois cada lugar carrega uma profunda história de devoção e milagres atribuídos a ele. Ao entrar nesses espaços, faça uma oração silenciosa, convidando Miguel a se juntar a você, honrando os muitos que vieram antes buscando sua proteção e orientação. Imagine sua energia permeando o espaço, ancorando você no legado sagrado daqueles que trilharam este caminho antes.

Se uma peregrinação não for possível, crie uma peregrinação virtual estudando esses locais e suas histórias, meditando sobre imagens deles ou visualizando-se caminhando dentro de suas paredes. Em sua mente, imagine as esculturas intrincadas, as velas acesas e a energia silenciosa e poderosa que preenche esses espaços. Nesta visualização, convide Miguel a revelar sua presença, honrando a continuidade da devoção e da fé que cada local sagrado representa.

Rituais de lembrança são outra forma de honrar o legado de Miguel. Acenda uma vela azul em dias específicos que tenham significado, como o Dia de São Miguel, a Festa dos Arcanjos ou um dia pessoal de importância. Sente-se em reflexão silenciosa, convidando a energia de Miguel para se juntar a você e lembre-se das maneiras pelas quais sua presença moldou sua vida e jornada espiritual. Expresse gratidão por sua orientação, proteção e força. Em sua mente ou em voz alta, diga: "Arcanjo Miguel, eu honro seu legado, sua luz e sua presença eterna. Que sua força e proteção continuem a guiar e elevar todas as almas."

Para honrar o legado de Miguel de uma forma mais pessoal, considere atos de serviço e compaixão inspirados por suas qualidades. O legado de Miguel não se limita a intervenções milagrosas; ele também vive nos atos de coragem, bondade e proteção estendidos a outros em seu nome. Seja voluntário em um abrigo, proteja aqueles que são vulneráveis ou ofereça conforto aos necessitados, incorporando a natureza protetora e compassiva de Miguel. Cada ato de serviço se torna uma homenagem à sua influência, uma forma de trazer sua energia para o mundo e continuar sua missão de amor e proteção.

Outra maneira poderosa de honrar o legado de Miguel é orientando ou guiando outras pessoas em suas jornadas espirituais. Assim como Miguel o guiou, considere compartilhar seus ensinamentos, rituais e sabedoria com outros que buscam sua presença. Quer você lidere grupos de meditação, facilite círculos de cura ou simplesmente compartilhe histórias da influência de Miguel, você contribui para a consciência coletiva de sua missão espiritual. Ao apoiar outros em sua conexão com Miguel, você estende seu legado, garantindo que sua influência continue a alcançar novos corações e vidas.

Além dessas práticas, passe um tempo em reflexão pessoal sobre o que o legado de Miguel significa para você. Sente-se em silêncio com um diário e reflita sobre questões como: "Como a presença de Miguel influenciou minha vida?" "Que lições aprendi com sua orientação?" e "Como posso levar seu legado adiante?" Permita que essas reflexões aprofundem sua compreensão e compromisso de viver em alinhamento com seus ensinamentos. Anote quaisquer insights, percepções ou compromissos que surjam, permitindo que este processo fortaleça seu vínculo com ele.

Honrar o legado de Miguel também é se envolver em orações e invocações para proteção e paz coletivas. Como guardião do mundo, a influência de Miguel se estende aos níveis global e cósmico. Ore para que sua luz proteja aqueles em conflito, proteja as populações vulneráveis e traga paz às áreas de sofrimento. Em sua mente ou em voz alta, diga: "Arcanjo Miguel, que sua luz proteja todos os necessitados, que sua força eleve aqueles que lutam e que sua presença traga paz ao nosso mundo." Cada oração serve como uma oferenda, uma forma de canalizar a energia de Miguel para a consciência coletiva e honrar seu compromisso duradouro com o mundo.

À medida que você continua essas práticas, pode descobrir que sua compreensão do legado de Miguel se aprofunda, não apenas como uma série de ensinamentos, mas como uma energia viva que influencia suas ações e visão de mundo. Seu legado se torna uma luz guia, um lembrete do poder da fé, da coragem e da proteção divina. Com cada ritual, ato de serviço e oração, você reafirma seu lugar dentro de uma linhagem de almas que caminharam com Miguel, carregando sua luz através da história e para o futuro.

Honrar o legado espiritual de Miguel é mais do que uma jornada pessoal; é uma participação em uma história atemporal de orientação divina, uma história onde cada pessoa que o invoca adiciona à beleza e ao poder de sua presença. Através de sua reverência, devoção e dedicação, você se torna parte da missão de Miguel, um guardião de sua luz que contribui para a elevação espiritual da humanidade.

Para concluir, expresse gratidão pelo privilégio de fazer parte do legado de Miguel. Em sua mente ou em voz alta, diga: "Obrigado, Arcanjo Miguel, por sua proteção, força e orientação atemporais. Sinto-me honrado em carregar sua luz, compartilhar seu legado e caminhar em sua presença." Esta gratidão completa o ciclo, afirmando seu compromisso de honrar e levar adiante os ensinamentos de Miguel.

Através desta jornada de honrar o legado de Miguel, você aprofunda seu vínculo com ele, transformando sua presença de um arquétipo distante em uma força viva e orientadora em sua vida. Este legado é mais do que história; é um chamado para incorporar a força, a sabedoria e a compaixão de Miguel a cada dia. Ao honrar seu legado, você contribui para um mundo cheio de luz, unidade e proteção divina — um mundo onde a presença de Miguel continua a inspirar, proteger e elevar todos os que trilham o caminho espiritual.

Capítulo 34
Milagres e Intervenções Divinas

Ao longo da história, o Arcanjo Miguel tem sido reverenciado como uma fonte de intervenção divina, uma presença poderosa capaz de manifestar milagres em momentos de necessidade. Histórias da ajuda milagrosa de Miguel – seja em campos de batalha, em momentos de crise pessoal ou em tempos de busca espiritual – ilustram seu profundo compromisso com o bem-estar da humanidade. Invocar Miguel é abrir-se à possibilidade de assistência divina, convidar seu poder, coragem e proteção para a própria vida. Essas intervenções nos lembram das forças invisíveis, mas palpáveis, do reino espiritual que agem em nosso favor, garantindo que nunca estejamos verdadeiramente sozinhos.

Os milagres associados a Miguel frequentemente transcendem a proteção física; eles se estendem à cura emocional, transformação espiritual e momentos de profunda clareza. Suas intervenções trazem luz onde há escuridão, coragem onde há medo e um renovado senso de propósito onde havia dúvida. Ao explorar esses milagres, você obtém insights sobre as maneiras ilimitadas pelas quais a energia de Miguel se manifesta, expandindo sua compreensão do que é possível quando você convida a intervenção divina em sua vida.

Para convidar a presença de Miguel em momentos de necessidade, comece se conectando consigo mesmo e definindo a intenção de se abrir à sua ajuda. Encontre um espaço tranquilo onde você se sinta confortável e seguro. Feche os olhos, coloque uma mão sobre o coração e respire fundo várias vezes, cada inspiração trazendo calma, cada expiração liberando qualquer tensão ou medo. Quando se sentir centrado, chame Miguel dizendo: "Arcanjo Miguel, eu convido sua presença. Neste momento de necessidade, peço sua orientação, sua proteção e sua luz. Por favor, ajude-me a ver com clareza e agir com coragem." Esta invocação é uma abertura – um sinal de que você está receptivo à intervenção divina de Miguel.

Uma das formas mais comuns de intervenção de Miguel é a proteção física em tempos de perigo. Histórias ao longo da história falam de Miguel aparecendo como uma figura de luz, empunhando sua espada, defendendo indivíduos ou grupos em momentos de perigo mortal. Para convidar este nível de proteção, visualize Miguel ao seu lado, sua espada brilhando com uma radiante chama azul. Imagine esta espada cortando qualquer perigo ou ameaça, formando uma barreira protetora ao seu redor. Em sua mente ou em voz alta, diga: "Arcanjo Miguel, peço seu escudo de proteção. Fique comigo, defenda-me e não permita que nenhum mal se aproxime." Sinta a presença dele como um guardião poderoso, uma força que limpa o caminho à frente, mantendo você seguro de danos.

Outra forma profunda de intervenção de Miguel aparece através da cura emocional. Em momentos de mágoa, luto ou dor emocional, sua energia pode trazer conforto, restaurando a força interior e a resiliência. Para invocar a energia de cura de Miguel, coloque ambas as mãos sobre o coração e visualize uma suave luz azul envolvendo você, preenchendo-o com uma sensação de calma e paz. Diga: "Arcanjo Miguel, traga sua luz de cura para o meu coração. Ajude-me a liberar esta dor e encontrar força interior." Permita que esta luz preencha todos os cantos do seu coração, dissolvendo qualquer tristeza ou peso. Sinta a presença de Miguel como um abraço caloroso, um lembrete de que você é apoiado, amado e nunca está sozinho.

Miguel também é conhecido por fornecer orientação em tempos de incerteza, trazendo clareza para situações que parecem confusas ou opressoras. Ao buscar sua orientação, sente-se em silêncio com uma pergunta ou decisão que pesa em sua mente. Concentre-se nesta pergunta, permitindo-se estar totalmente presente com ela. Então, imagine a espada de Miguel cortando qualquer névoa de confusão, revelando um caminho de clareza. Diga: "Arcanjo Miguel, por favor, ilumine minha mente. Ajude-me a ver com verdade e sabedoria, a entender o que preciso saber." Abra-se a quaisquer insights ou sentimentos que surjam, confiando que a sabedoria de Miguel o está guiando para a decisão certa.

Os milagres associados a Miguel frequentemente envolvem transformação espiritual. Em momentos em que você se sente desconectado de seu propósito ou deseja uma conexão mais profunda com o divino, a intervenção de Miguel pode realinhá-lo com seu caminho mais elevado. Para convidar este tipo de transformação, sente-se em silêncio e visualize uma chama azul dentro de seu coração, uma faísca da energia de Miguel que cresce a cada respiração. Diga: "Arcanjo Miguel, reacenda o fogo do meu espírito. Ajude-me a viver com propósito, a trilhar o caminho do chamado mais elevado da minha alma." À medida que esta chama cresce, sinta um renovado senso de propósito, um despertar espiritual que traz clareza e compromisso com a jornada da sua vida.

As intervenções de Miguel frequentemente se manifestam como sincronicidades e sinais que confirmam sua presença e orientação. Estes sinais podem aparecer como símbolos repetidos, encontros ou mensagens que parecem se alinhar perfeitamente com seus pensamentos ou intenções. Ao buscar confirmação da intervenção de Miguel, peça um sinal que ressoe com você – uma pena, um número específico ou até mesmo um encontro inesperado. Diga: "Arcanjo Miguel, se você está me guiando, por favor, envie um sinal que eu possa reconhecer." Permaneça aberto e observador, confiando que Miguel responderá de uma forma que ressoe profundamente, deixando você com uma sensação de certeza e paz.

Em tempos de necessidade global ou coletiva, a intervenção de Miguel se estende além dos indivíduos para agir em nome de comunidades inteiras. Ao longo da história, Miguel tem sido invocado como protetor de nações e grupos, particularmente em tempos de guerra ou agitação. Para invocar a proteção de Miguel para outros, reúna-se em um espírito de unidade e defina uma intenção coletiva de paz e proteção. Visualize a luz azul de Miguel cercando a área, comunidade ou grupo necessitado. Diga: "Arcanjo Miguel, pedimos sua proteção e paz. Cerque este lugar com seu escudo, traga conforto e força para aqueles que precisam e proteja-os do mal." Esta invocação coletiva convida o poder de Miguel a agir em uma escala maior, trazendo paz e força para aqueles que podem estar vulneráveis.

As intervenções de Miguel são frequentemente registradas como milagres de transformação na vida dos indivíduos, momentos em que sua presença catalisa uma mudança profunda de perspectiva, comportamento ou compreensão. Reflita sobre quaisquer experiências pessoais onde você sentiu sua presença, momentos em que o medo se transformou em coragem, a confusão em clareza ou a tristeza em paz. Anote esses momentos em um diário dedicado à sua conexão com Miguel, reconhecendo-os como parte de sua influência milagrosa em sua vida. Revisitar esses registros afirma sua fé em sua presença e o lembra de seu contínuo apoio e orientação.

Se você se sentir inspirado, considere compartilhar os milagres de Miguel com outros, especialmente aqueles que podem estar lutando ou precisando de esperança. Histórias de suas intervenções divinas, sejam extraídas de sua própria vida ou de relatos históricos, servem como lembretes dos milagres que são possíveis quando convidamos o divino para nossas vidas. Ao compartilhar, você mantém vivo o legado de Miguel, trazendo sua luz e coragem para o coração de outros que podem estar enfrentando seus próprios desafios.

Para encerrar qualquer sessão de invocação da intervenção de Miguel, ofereça gratidão por sua presença e assistência. Em sua mente ou em voz alta, diga: "Obrigado, Arcanjo Miguel, por sua proteção, sua orientação e seus milagres em minha vida. Sou grato por sua luz, sua força e seu apoio inabalável." Esta gratidão não apenas honra sua intervenção, mas fortalece sua conexão com ele, afirmando sua abertura à sua orientação em todos os momentos de necessidade.

Milagres e intervenções divinas nos lembram do amor e apoio ilimitados que nos cercam, invisíveis, mas sempre presentes. O papel de Miguel como portador de milagres não se limita a momentos dramáticos; ele também se manifesta em transformações silenciosas, curas interiores e sinais sutis que nos asseguram de sua orientação. Ao invocá-lo com fé, você convida sua luz para o centro de seus desafios, abrindo um caminho onde sua presença pode agir de maneiras que transcendem o ordinário.

Através desta jornada de intervenções divinas, você aprofunda seu relacionamento com Miguel, transformando cada pedido, cada invocação e cada milagre em um testemunho de fé. Sua presença se torna um pilar de força, uma fonte de poder divino que você pode invocar sempre que precisar de assistência, clareza ou proteção. Com Miguel ao seu lado, você aprende que os milagres não são ocorrências raras, mas uma expressão natural da compaixão e sabedoria divinas em sua vida.

Abraçar a possibilidade da intervenção de Miguel o abre para uma vida tocada pelo milagroso, uma jornada onde cada passo é protegido, guiado e elevado por sua presença eterna. Este é o coração da intervenção divina com Miguel – uma parceria sagrada que ilumina o caminho à sua frente, trazendo luz aos momentos mais sombrios e força para enfrentar qualquer desafio que possa surgir. Através desta parceria, você caminha com fé, coragem e gratidão, uma vida onde os milagres se tornam um reflexo do amor infinito do divino por você.

Capítulo 35
Alinhando-se com os Ciclos Cósmicos

Alinhar-se com os ciclos cósmicos através da orientação do Arcanjo Miguel é uma jornada em harmonia com os ritmos universais que governam a criação, o crescimento, a transformação e a renovação. Esses ciclos — refletidos nas mudanças das estações, fases lunares, movimentos planetários e eventos celestes — são influências poderosas tanto na natureza quanto no espírito humano. Miguel, com sua presença protetora e iluminadora, atua como um guia no alinhamento com esses ciclos, ajudando você a sintonizar-se com o fluxo e refluxo da energia cósmica e a aproveitá-la para seu crescimento espiritual, cura e transformação.

Os ciclos cósmicos servem como lembretes de que a vida é um processo de mudança contínua, cada fase oferecendo oportunidades únicas de crescimento e renovação. Com a orientação de Miguel, alinhar-se com esses ritmos torna-se um meio de integrar a sabedoria divina em sua vida diária. Sua energia ajuda você a permanecer ancorado durante os momentos de transição, resiliente durante os desafios e receptivo às novas energias que cada ciclo traz. Através desse alinhamento, você cultiva uma conexão mais profunda com o universo e uma vida que flui em sintonia com seus ritmos sagrados.

Comece sua jornada explorando os ciclos sazonais. Cada estação tem sua própria energia, refletida nas transições da natureza, do nascimento na primavera, ao crescimento no verão, à colheita no outono e ao descanso no inverno. Assim como a terra passa por essas fases, nossas vidas interiores também seguem padrões semelhantes. Reserve um tempo para observar essas mudanças na natureza, reconhecendo as qualidades que cada estação traz. A presença de Miguel pode ajudá-lo a sintonizar-se com a essência espiritual de cada fase, guiando-o a integrar suas energias.

Na primavera, a estação dos novos começos, visualize a luz de Miguel como uma força nutridora que encoraja o crescimento de novas ideias, projetos ou objetivos pessoais. Durante a meditação da primavera, convide Miguel para ajudá-lo a plantar as sementes de suas intenções, pedindo: "Arcanjo Miguel, guie-me nesta estação de crescimento. Ajude-me a nutrir novos começos e apoiar o florescimento do meu potencial mais elevado." Sinta a energia dele infundindo suas intenções com vitalidade, criando uma base para o crescimento nos meses seguintes.

No verão, uma época de abundância e expansão, conecte-se com a energia de Miguel como uma força sustentadora que mantém seu crescimento constante e forte. Reflita sobre o progresso de seus objetivos e convide a luz de Miguel para ajudá-lo a manter o foco e a clareza. Visualize sua chama azul brilhando intensamente, reforçando seu compromisso com seu caminho. Diga: "Arcanjo Miguel, apoie-me nesta estação de abundância. Fortaleça minha dedicação e ajude-me a brilhar intensamente em alinhamento com meu propósito."

Quando o outono chegar, a estação da colheita e da liberação, a orientação de Miguel se torna inestimável para ajudá-lo a deixar ir o que não lhe serve mais. Assim como as árvores soltam suas folhas, reserve um tempo para avaliar quaisquer crenças, padrões ou relacionamentos que possam ter cumprido seu propósito. Convide a Espada de Luz de Miguel para ajudar nessa liberação, dizendo: "Arcanjo Miguel, ajude-me a liberar tudo o que não preciso mais. Corte quaisquer apegos que me impeçam e guie-me para abraçar a sabedoria desta estação de colheita." Este processo de liberação abre caminho para um novo crescimento e compreensão.

No inverno, uma estação de descanso e reflexão, a presença de Miguel oferece conforto e estabilidade. O inverno é uma época de voltar-se para dentro, conservar energia e obter insights dos lugares silenciosos internos. Use este tempo para meditar com a luz protetora de Miguel, buscando sua orientação em qualquer trabalho interior ou autodescoberta. Diga: "Arcanjo Miguel, seja minha luz durante esta estação de descanso. Ajude-me a entender as profundezas dentro de mim, a encontrar paz e a me preparar para os ciclos que estão por vir."

Além das estações, os ciclos lunares oferecem uma maneira poderosa de se alinhar com a energia cósmica. Cada fase da lua carrega uma influência única, guiando os ritmos de intenção, crescimento, reflexão e liberação.

Para se conectar com o ciclo lunar, comece com a lua nova, um momento de definir intenções e plantar sementes para novos começos. Sente-se em reflexão silenciosa e convide a presença de Miguel, pedindo-lhe para ajudá-lo a definir intenções que estejam alinhadas com seu propósito mais elevado. Visualize sua luz brilhando em seus objetivos, abençoando-os com força e clareza.

Durante a lua crescente, à medida que a lua fica mais brilhante, concentre-se em construir e nutrir suas intenções. A energia de Miguel pode servir como uma força protetora que sustenta seu crescimento. Imagine sua presença guiando você, reforçando sua determinação e ajudando-o a permanecer focado. Diga: "Arcanjo Miguel, sustente-me enquanto eu cresço. Ajude-me a permanecer fiel às minhas intenções e fortaleça meu compromisso com este caminho."

A lua cheia é um momento de iluminação e manifestação, onde as intenções definidas no início do ciclo atingem seu pico. Durante esta fase, convide a luz de Miguel para ajudá-lo a ver quaisquer insights, verdades ou bênçãos que tenham se concretizado. Sente-se em meditação sob a lua cheia, visualize a espada de Miguel cortando quaisquer barreiras finais e diga: "Arcanjo Miguel, ilumine meu caminho. Ajude-me a ver claramente tudo o que alcancei e tudo o que ainda procuro manifestar."

À medida que a lua começa a minguar, concentre-se na liberação e introspecção, deixando de lado quaisquer energias ou apegos que não sejam mais benéficos. Use a presença de Miguel para ajudá-lo a limpar essas energias, preparando-se para um novo ciclo. Diga: "Arcanjo Miguel, ajude-me a deixar ir. Ajude-me a liberar tudo o que não serve ao meu bem maior e guie-me para me preparar para a renovação."

Os ciclos planetários e retrógrados também desempenham um papel significativo no alinhamento cósmico, a influência de cada planeta tocando diferentes aspectos da vida. Por exemplo, durante Mercúrio retrógrado, um período frequentemente associado a desafios de comunicação e reflexão, a energia de Miguel pode ajudá-lo a navegar nesta fase introspectiva com paciência e clareza. Durante os períodos retrógrados, convide a sabedoria de Miguel para ajudá-lo a entender as lições e reflexões que esses tempos oferecem, dizendo: "Arcanjo Miguel, guie-me por esta fase de reflexão. Ajude-me a comunicar com clareza e a navegar neste tempo com graça."

Eventos celestes, como eclipses, solstícios e equinócios, oferecem oportunidades adicionais para se alinhar com as energias cósmicas. Os eclipses, por exemplo, simbolizam mudanças e revelações poderosas, momentos em que verdades ocultas podem vir à tona. Durante um eclipse, crie um espaço tranquilo para se sentar com a presença de Miguel, convidando-o a revelar quaisquer insights ou áreas de sua vida que precisem de transformação. Diga: "Arcanjo Miguel, guie-me por este tempo de mudança. Ajude-me a ver claramente e a abraçar as verdades que surgem." Confie em sua presença para ajudá-lo a passar por esses períodos com coragem e compreensão.

As energias astrológicas de cada temporada do zodíaco também oferecem temas específicos, da coragem de Áries à intuição de Peixes. Use esses períodos para se concentrar em qualidades pessoais ou objetivos que ressoem com a energia de cada signo. Convide Miguel para guiá-lo a abraçar essas qualidades, seja a força e independência de Áries ou a compaixão e espiritualidade de Peixes. Ao sintonizar-se com a energia de cada signo, você permite que a influência de Miguel amplifique essas qualidades dentro de você, ajudando-o a crescer e se expandir em alinhamento com o fluxo cósmico.

Para aprofundar ainda mais seu alinhamento com os ciclos cósmicos, considere manter um diário de suas intenções, reflexões e progresso em cada ciclo. Documentar suas experiências permite que você veja padrões, acompanhe seu crescimento e entenda como os ciclos influenciam seu caminho espiritual. Este diário se torna um espelho de seu alinhamento com o universo, um registro de como a orientação de Miguel o ajudou a navegar em cada fase com sabedoria e graça.

Para concluir cada prática de alinhamento, ofereça gratidão a Miguel por sua orientação e proteção. Diga: "Obrigado, Arcanjo Miguel, por me guiar pelos ciclos da vida e pelos ritmos do cosmos. Sou grato por sua presença, sua luz e sua sabedoria." Essa expressão de gratidão honra o papel de Miguel em ajudá-lo a permanecer conectado a esses ciclos, reforçando seu vínculo com ele e afirmando seu compromisso de viver em harmonia com o universo.

Alinhar-se com os ciclos cósmicos é um convite para se mover com os ritmos naturais da vida, guiado pelo apoio inabalável de Miguel. Cada ciclo — seja da lua, das estações ou dos planetas — oferece oportunidades únicas de crescimento, renovação e transformação. Com Miguel como seu guia, você aprende a navegar nesses ciclos com propósito, sabedoria e resiliência, encontrando força em sua presença ao abraçar cada fase.

Através desta jornada de alinhamento cósmico, você aprofunda sua conexão com o universo, experimentando a vida como uma dança de ritmos e ciclos divinos. A presença de Miguel transforma cada fase em uma passagem sagrada, que o aproxima de sua própria essência e da sabedoria do cosmos. Juntos, vocês se movem pela vida com uma profunda consciência da ordem divina, cada ciclo um reflexo da jornada espiritual que você compartilha com o Arcanjo Miguel.

Capítulo 36
Manifestando Abundância com Miguel

Manifestar abundância com a orientação do Arcanjo Miguel é uma jornada transformadora que vai além da riqueza material. A verdadeira abundância abrange não apenas a prosperidade financeira, mas também a riqueza emocional, relacionamentos gratificantes, crescimento espiritual e paz interior. Miguel, com sua força, clareza e presença protetora, pode ajudá-lo a liberar quaisquer bloqueios ou crenças limitantes que impeçam a abundância, permitindo que você receba a prosperidade em todas as áreas da sua vida. Trabalhar com Miguel para manifestar a abundância é sobre se alinhar com o fluxo divino, confiar em sua dignidade e convidar bênçãos que ressoem com o propósito da sua alma.

A abundância é um estado natural no universo; ela flui livremente onde há alinhamento, abertura e receptividade. No entanto, bloqueios como medo, insegurança e mentalidade de escassez podem impedir esse fluxo. O papel de Miguel em sua jornada para a abundância é ajudá-lo a reconhecer e liberar essas limitações, capacitando-o a cultivar uma mentalidade de gratidão, confiança e fé. Através da orientação de Miguel, você aprende a ver a abundância como um reflexo do amor e apoio divinos, uma expressão do desejo do universo de nutri-lo e elevá-lo.

Para começar a manifestar a abundância, comece com um ritual de limpeza para liberar crenças limitantes e bloqueios energéticos. Encontre um espaço tranquilo onde você se sinta à vontade e convide Miguel para se juntar a você. Em sua mente ou em voz alta, diga: "Arcanjo Miguel, eu invoco sua presença para me ajudar a liberar quaisquer bloqueios à abundância. Por favor, ajude-me a limpar quaisquer medos, dúvidas ou crenças que me impeçam de receber as bênçãos do universo." Visualize sua Espada de Luz cortando qualquer energia densa ou estagnada ao seu redor, limpando o caminho para a abundância fluir livremente.

Em seguida, envolva-se em uma visualização meditativa da abundância com Miguel. Feche os olhos e imagine-se em um campo radiante cheio de luz e beleza. Este campo representa a abundância ilimitada – um espaço onde todas as necessidades são atendidas e as bênçãos fluem livremente. Visualize Miguel ao seu lado, sua presença forte e protetora. Juntos, vejam-se caminhando por este campo, sentindo a energia da prosperidade ao seu redor. Permita que essa visualização expanda sua percepção de como é a abundância, abraçando a sensação de liberdade, paz e realização que ela traz.

Uma parte essencial da manifestação da abundância é cultivar uma mentalidade de gratidão e confiança. A gratidão o alinha com a vibração da abundância, abrindo seu coração para receber mais. Comece cada dia agradecendo pelas bênçãos que você já tem, por menores que sejam. Ao fazer isso, convide Miguel para ajudá-lo a reconhecer e apreciar esses presentes. Diga: "Obrigado, Arcanjo Miguel, por me ajudar a ver a abundância já presente em minha vida. Confio que mais bênçãos estão a caminho." Essa prática de gratidão fortalece sua conexão com Miguel e o alinha com a frequência da abundância, tornando mais fácil para que mais flua em sua vida.

O Escudo de Proteção de Miguel também pode ser usado para criar um espaço seguro para que sua prosperidade cresça. Visualize seu escudo azul ao seu redor, uma fronteira que protege sua energia de qualquer negatividade externa ou mentalidade de escassez. Diga: "Arcanjo Miguel, proteja minha abundância. Permita que apenas pensamentos e energias que apoiem minha prosperidade entrem em meu espaço." Este escudo protetor permite que você mantenha um foco positivo na abundância, garantindo que suas intenções não sejam interrompidas por dúvidas ou influências limitantes.

Afirmações são outra ferramenta poderosa para manifestar a abundância com a orientação de Miguel. Escolha afirmações que ressoem com seu desejo de prosperidade e incorporem um senso de gratidão, confiança e merecimento. Exemplos incluem: "Eu sou digno de receber todas as formas de abundância", "A abundância flui para mim com facilidade e sem esforço" e "Com a orientação de Miguel, estou alinhado com a prosperidade do universo". Repita essas afirmações diariamente, idealmente em frente a um espelho, sentindo a presença de Miguel reforçando suas palavras. Cada afirmação é uma semente plantada em sua consciência, uma declaração de sua prontidão para receber.

Para amplificar seus esforços de manifestação, crie um altar para a abundância dedicado a Miguel. Inclua itens que simbolizem a prosperidade, como moedas, cristais como citrino ou aventurina verde e uma vela azul para representar a luz de Miguel. Coloque uma intenção escrita no altar, descrevendo a abundância que você deseja manifestar em termos claros e positivos. Acenda a vela todos os dias e, ao fazer isso, invoque a orientação de Miguel, dizendo: "Arcanjo Miguel, convido suas bênçãos sobre minhas intenções. Que minha vida seja preenchida com prosperidade, paz e alegria."

Outra técnica poderosa para manifestar a abundância é visualizar o fluxo de energia divina em sua vida. Feche os olhos e imagine um fluxo dourado de luz descendo do alto, fluindo para o topo de sua cabeça e enchendo seu corpo com calor e energia. Essa luz dourada representa a abundância divina, uma fonte inesgotável de bênçãos. Com a presença de Miguel ao seu lado, veja essa luz se expandindo, preenchendo toda a sua aura e irradiando para todas as áreas da sua vida. Diga: "Arcanjo Miguel, ajude-me a receber essa abundância divina de coração aberto. Dou as boas-vindas à prosperidade em todas as áreas da minha vida."

Se você encontrar desafios financeiros ou emocionais, convide Miguel para cortar as crenças limitantes que podem estar obstruindo seu fluxo de abundância. Visualize-o usando sua Espada de Luz para dissolver quaisquer dúvidas ou medos que o prendam.

Diga: "Arcanjo Miguel, corte quaisquer medos ou limitações que me impeçam de experimentar a verdadeira abundância. Ajude-me a liberar esses padrões e abraçar meu merecimento para receber." Sinta sua espada dissolvendo esses bloqueios, libertando-o das correntes do pensamento de escassez.

Em tempos de incerteza, a orientação de Miguel como mentor pode ajudá-lo a manter o foco em seus objetivos de abundância. Reserve um momento todos os dias para sentar-se em silêncio e conectar-se com ele, pedindo insights sobre os passos para trazer mais prosperidade para sua vida. Esteja aberto a quaisquer mensagens, sinais ou ideias que possam surgir, confiando que a orientação de Miguel revelará maneiras práticas de aumentar sua abundância. Isso pode envolver novas oportunidades, mudanças de mentalidade ou uma nova perspectiva sobre os recursos existentes.

Serviço e generosidade também são aspectos-chave da manifestação da abundância. Ao dar livremente aos outros, você cria um ciclo de dar e receber, ampliando a energia da abundância em sua vida. Pratique atos de bondade, doe tempo ou recursos, ou compartilhe seu conhecimento com aqueles que precisam. Cada ato de generosidade é um lembrete da abundância que você já possui e, com o apoio de Miguel, expande sua capacidade de receber ainda mais. Diga: "Arcanjo Miguel, guie-me para compartilhar minhas bênçãos generosamente. Ajude-me a confiar que, assim como eu dou, também receberei."

Finalmente, celebre cada bênção manifestada como um milagre de abundância com a presença de

Miguel. Quando você receber uma bênção, por menor que seja, pare para reconhecer e agradecer a Miguel por seu papel em trazer essa abundância para sua vida. Em sua mente ou em voz alta, diga: "Obrigado, Arcanjo Miguel, por este presente de abundância. Sou grato por sua orientação e suas bênçãos." Essa gratidão fortalece sua conexão com ele e reforça o fluxo de abundância, criando um ciclo de dar, receber e apreciar.

À medida que você continua trabalhando com Miguel para manifestar a abundância, pode notar uma transformação em seu relacionamento com a prosperidade. A abundância se torna uma extensão natural de sua jornada espiritual, um reflexo do amor divino que flui livremente por toda a criação. A presença de Miguel o lembra de que a prosperidade não é algo para perseguir, mas algo para acolher, uma expressão da generosidade infinita do universo.

Manifestar abundância com Miguel é mais do que uma busca por ganho material; é uma jornada de alinhamento, confiança e abertura às bênçãos que a vida tem a oferecer. Com sua orientação, você aprende a ver a prosperidade como um estado de ser, que irradia de dentro e atrai os recursos, relacionamentos e oportunidades que apoiam seu caminho mais elevado. Através desta jornada, você transforma a abundância de um objetivo externo em um estado interior, um reflexo do amor e apoio ilimitados que o Arcanjo Miguel traz para sua vida.

Ao honrar o papel de Miguel em sua jornada para a abundância, você abre um canal para que sua energia trabalhe através de você, trazendo prosperidade, paz e realização. Este é o coração da manifestação da abundância com o Arcanjo Miguel – uma vida onde as bênçãos fluem livremente, onde cada momento é preenchido com gratidão e onde a abundância não é meramente algo que você busca, mas algo que você está pronto para receber. Com Miguel ao seu lado, você trilha um caminho de infinitas possibilidades, uma jornada onde cada passo é guiado por sua luz e enriquecido pelas bênçãos do divino.

Capítulo 37
Encontrando Apoio em Transições

Tempos de transição, sejam eles esperados ou repentinos, trazem tanto desafios quanto oportunidades de crescimento. A mudança pode perturbar o conforto, testar a força interior e exigir novas perspectivas e escolhas. Durante essas mudanças, o Arcanjo Miguel serve como um apoio inabalável, oferecendo orientação, proteção e segurança para ajudá-lo a navegar por esses períodos com graça e resiliência. Com a presença de Miguel, cada transição – seja uma mudança de carreira, uma transformação pessoal, uma perda ou um novo começo – torna-se uma passagem sagrada, um momento para se reconectar com o propósito, encontrar força interior e se abrir para novas possibilidades.

As transições têm o potencial de um profundo crescimento espiritual, convidando você a deixar ir o velho e abraçar o desconhecido. A orientação de Miguel durante esses momentos age como uma âncora e uma fonte de força, ajudando você a liberar apegos, superar medos e confiar no caminho adiante. Sua energia o apoia em cada fase, guiando-o pela incerteza, preparando-o para o que está por vir e lembrando-o de que você nunca está sozinho nesta jornada.

Para se conectar com o apoio de Miguel durante os tempos de transição, comece criando um espaço tranquilo onde você se sinta centrado e calmo. Sente-se confortavelmente, feche os olhos e respire fundo algumas vezes, cada expiração liberando qualquer estresse ou tensão imediata. Em sua mente ou em voz alta, diga: "Arcanjo Miguel, eu invoco sua força e orientação. Esteja comigo enquanto enfrento esta mudança, proteja meu espírito e me guie por esta transição com coragem e paz." Visualize a presença de Miguel ao seu redor, sua luz azul formando um casulo de apoio que acalma sua mente e fortalece sua determinação.

Uma prática poderosa para abraçar a mudança é se envolver no ritual da Espada de Libertação de Miguel, que ajuda você a se livrar de apegos, medos ou crenças que podem estar te impedindo durante esta transição. Visualize Miguel de pé diante de você, segurando sua radiante Espada de Luz. Em sua mente, identifique qualquer coisa que você deseja liberar – seja medo, dúvida ou padrões passados – e veja Miguel usando sua espada para cortar gentilmente esses laços. Diga: "Arcanjo Miguel, ajude-me a liberar tudo o que não serve mais ao meu caminho mais elevado. Liberte-me de apegos e medos, e prepare-me para seguir em frente com confiança e força." Sinta uma leveza à medida que esses apegos se dissolvem, substituídos por uma renovada sensação de liberdade e prontidão.

Durante as transições, o medo do desconhecido pode criar resistência. Para superar esse medo, pratique a visualização de um caminho iluminado pela luz de

Miguel. Feche os olhos e imagine-se no início de um caminho que simboliza sua nova jornada. Visualize Miguel caminhando ao seu lado, sua espada lançando uma luz azul que ilumina o caminho à frente. Veja esta luz se estendendo para a frente, mostrando os próximos passos, mesmo que o futuro distante permaneça incerto. Diga: "Arcanjo Miguel, ilumine meu caminho e ajude-me a dar cada passo com fé e coragem." Essa visualização lembra que você não precisa ver toda a jornada – apenas os próximos passos, guiados e protegidos pela presença de Miguel.

Afirmações podem servir como uma fonte de empoderamento e foco durante as fases de transição. Escolha afirmações que ressoem com sua intenção de seguir em frente com força, coragem e confiança. Os exemplos incluem: "Estou aberto a novos começos com coragem e graça", "Eu libero o velho e abraço o novo" e "Com a orientação de Miguel, estou seguro, apoiado e pronto para a mudança". Repita essas afirmações diariamente, sentindo a força de Miguel infundir suas palavras com convicção. Cada afirmação reforça seu compromisso de enfrentar a transição com um coração aberto e um espírito firme.

O Escudo de Proteção de Miguel pode ser especialmente útil ao enfrentar mudanças que envolvem desafios ou conflitos externos. Visualize seu escudo azul ao seu redor, criando uma barreira que protege sua energia e impede que a negatividade ou pressões externas afetem suas decisões. Em sua mente ou em voz alta, diga: "Arcanjo Miguel, proteja-me de todas as distrações e negatividade. Ajude-me a permanecer fiel ao meu caminho e proteja minha energia durante este tempo de transição." Este escudo não só fornece uma sensação de segurança, mas também reforça seu foco, permitindo que você faça escolhas que honrem suas verdadeiras intenções.

Refletir com Miguel sobre as lições do passado pode fornecer *insights* e orientação para sua transição. Sente-se em silêncio com a presença de Miguel e traga à mente as transições passadas pelas quais você navegou. Reflita sobre o que você aprendeu, como você cresceu e as forças que descobriu dentro de si mesmo. Diga: "Arcanjo Miguel, ajude-me a entender a sabedoria do meu passado. Mostre-me como essas experiências podem me guiar neste novo capítulo." Confie que a presença de Miguel revelará *insights*, ajudando você a reconhecer a resiliência e a sabedoria que você carrega consigo.

Em tempos de transição, rituais de ancoragem com a energia de Miguel podem trazer estabilidade e calma ao seu espírito. Fique de pé com os pés firmemente no chão e visualize raízes se estendendo de seus pés para a terra, ancorando você. Veja Miguel de pé ao seu lado, sua mão em seu ombro, ancorando e centrando sua energia. Ao se conectar com a terra, sinta qualquer ansiedade ou incerteza se esvaindo, substituídas por uma sensação de força e conexão com o momento presente. Diga: "Arcanjo Miguel, ajude-me a permanecer ancorado e focado enquanto passo por esta mudança. Deixe-me sentir o apoio da terra sob meus pés e sua luz me guiando por dentro."

Se você encontrar sentimentos de dúvida ou preocupação, use a prática da Respiração da Coragem de Miguel para acalmar sua mente e fortalecer seu espírito. Respire fundo, imaginando que você está inspirando a força, a coragem e a resiliência de Miguel. A cada inspiração, sinta a energia dele preenchendo você com uma profunda sensação de calma e confiança. A cada expiração, libere qualquer medo, ansiedade ou hesitação. Diga: "A cada respiração, eu inspiro a coragem de Miguel. Sou forte, resiliente e pronto para enfrentar esta mudança." Esta prática de respiração centraliza você no presente, reconectando-o com sua força interior e o apoio de Miguel.

Durante grandes transições, criar um quadro de visualização de novos começos com a orientação de Miguel pode ajudar a esclarecer e focar suas intenções. Colete imagens, palavras e símbolos que representem seus objetivos, aspirações e valores para esta nova fase. Ao montar o quadro, convide a presença de Miguel, pedindo sua *insight* para guiá-lo na escolha de símbolos que reflitam seu caminho mais elevado. Diga: "Arcanjo Miguel, ajude-me a criar uma visão que se alinhe com o propósito da minha alma. Guie-me para ver meu novo começo com clareza e inspiração." Coloque este quadro de visualização em um espaço onde você possa vê-lo diariamente, servindo como um lembrete do caminho a seguir e do papel de Miguel em apoiar sua jornada.

Para aqueles que enfrentam a perda de um ente querido, emprego ou papel significativo na vida, a energia reconfortante de Miguel proporciona uma sensação de paz e segurança. Em momentos de luto ou incerteza, coloque a mão sobre o coração e feche os olhos. Visualize Miguel de pé ao seu lado, suas asas envolvendo você suavemente em um casulo de calor e proteção. Diga: "Arcanjo Miguel, traga-me conforto neste momento de perda. Ajude-me a encontrar a paz e mostre-me como seguir em frente com amor e graça." Permita que a energia dele o conforte, enchendo-o com uma sensação de aceitação e uma prontidão para honrar o que passou enquanto abraça o caminho adiante.

As transições muitas vezes trazem a necessidade de tomada de decisões e clareza. Quando confrontado com escolhas, peça orientação a Miguel para ver as opções com clareza. Sente-se em silêncio com uma pergunta em mente e convide Miguel a revelar *insights* que esclareçam sua decisão. Diga: "Arcanjo Miguel, ajude-me a ver o melhor caminho a seguir. Conceda-me clareza, sabedoria e coragem para fazer escolhas alinhadas com meu bem maior." Esteja aberto a quaisquer sinais, sentimentos ou pensamentos que surjam, confiando que Miguel está iluminando o caminho que mais ressoa com o propósito de sua alma.

Para concluir cada sessão de apoio com Miguel, expresse gratidão por sua orientação e presença. Em sua mente ou em voz alta, diga: "Obrigado, Arcanjo Miguel, por estar comigo durante esta transição. Sou grato por sua proteção, sua luz e seu apoio inabalável." Essa gratidão reforça sua conexão com ele, honrando seu papel em ajudá-lo a navegar em cada mudança com coragem, resiliência e confiança.

Trabalhar com Miguel através das transições transforma cada mudança em uma oportunidade de crescimento, *insight* e renovação. Sua presença se torna uma fonte constante de força, uma luz guia que o ajuda a enfrentar o desconhecido com um coração aberto. Com Miguel ao seu lado, cada transição – seja desafiadora ou estimulante – torna-se uma parte significativa de sua jornada, uma passagem sagrada que o aproxima de seu potencial mais elevado.

Ao encontrar apoio com Miguel durante os tempos de transição, você abraça a mudança como uma parte natural e fortalecedora da vida. Através de sua orientação, você caminha para frente com coragem, resiliência e uma profunda sensação de paz, sabendo que cada passo é protegido, cada decisão é guiada e cada momento de incerteza é mantido dentro de sua luz. Esta é a essência de navegar pelas transições com o Arcanjo Miguel – uma jornada onde cada mudança, cada perda e cada novo começo são recebidos com graça, força e o apoio inabalável do divino.

Capítulo 38
Expandindo Sua Percepção Multidimensional

Expandir sua percepção multidimensional com a orientação do Arcanjo Miguel convida você a uma consciência mais profunda da realidade, onde insights espirituais e reinos superiores se tornam parte de sua experiência vivida. A percepção multidimensional é a capacidade de sentir além do físico, de perceber energias, entidades espirituais e camadas de consciência que existem paralelas à nossa. Envolve sintonizar-se com um espectro maior da existência, um processo que permite que você se conecte com aspectos superiores de si mesmo, verdades espirituais e orientação angélica. Como um poderoso protetor e guia, a presença de Miguel oferece uma base segura para explorar esses reinos expandidos, garantindo que você possa navegá-los com clareza e segurança.

Trabalhar com Miguel para cultivar a percepção multidimensional significa construir gradualmente sua capacidade de perceber energias e verdades que muitas vezes estão ocultas aos sentidos físicos. Sua presença ajuda você a permanecer ancorado enquanto explora esses reinos, encorajando-o a expandir sua consciência sem medo. À medida que você desenvolve essa percepção, sua compreensão da realidade se transforma e você começa a ver a vida como uma teia interconectada de dimensões espirituais, emocionais e físicas, cada uma influenciando a outra.

Para começar a expandir sua percepção multidimensional, crie um espaço sagrado onde você se sinta à vontade e sem distrações. Sente-se confortavelmente e feche os olhos, respirando fundo algumas vezes para se centrar. Convide a presença de Miguel para o seu espaço dizendo: "Arcanjo Miguel, eu invoco sua orientação e proteção. Ajude-me a abrir minha consciência para os reinos superiores, a perceber as verdades espirituais que me cercam e a experimentar esses reinos com clareza e segurança." Sinta a presença dele envolvendo você, sua luz azul formando um limite protetor que mantém sua energia estável enquanto você explora.

Um passo fundamental no desenvolvimento da percepção multidimensional é praticar exercícios de sensibilidade energética. Comece concentrando-se em suas mãos, segurando-as a alguns centímetros de distância e imaginando uma esfera de luz entre elas. Mova lentamente as mãos para mais perto e mais longe, notando quaisquer sensações de calor, formigamento ou resistência sutil. Esta prática sintoniza você com o campo de energia ao seu redor, ajudando-o a reconhecer as sensações sutis de energia. Convide Miguel para ajudá-lo a perceber essa energia, dizendo: "Arcanjo Miguel, ajude-me a sentir o fluxo de energia ao meu redor e dentro de mim. Guie-me para aprofundar minha consciência dos reinos sutis."

Conforme você se sentir mais confortável em sentir a energia, pratique a visualização da aura com a orientação de Miguel. Feche os olhos e visualize sua aura como um campo de luz ao redor do seu corpo, brilhando com cores vibrantes. A cada respiração, veja essa aura se expandindo, alcançando e se tornando mais brilhante. Convide a luz azul de Miguel para circundar sua aura, fortalecendo-a e aprimorando sua percepção. Diga: "Arcanjo Miguel, ajude-me a ver e entender as camadas da minha aura. Deixe sua luz guiar minha visão enquanto exploro meu próprio campo de energia." Com o tempo, essa prática pode aprofundar sua capacidade de perceber tanto sua própria aura quanto a aura dos outros.

A meditação é uma ferramenta poderosa para expandir a percepção multidimensional, permitindo que você acalme os sentidos físicos e se sintonize com os reinos superiores. Comece entrando em um estado meditativo, concentrando-se na respiração e permitindo que sua mente se aquiete. Visualize Miguel ao seu lado, sua presença ancorando e protegendo você enquanto você se abre para a consciência expandida. Imagine-se subindo, movendo-se suavemente além do físico e entrando em um espaço de pura luz. Ao fazer isso, convide Miguel para revelar insights ou energias que ressoem com seu crescimento espiritual. Diga: "Arcanjo Miguel, guie-me nesta jornada de percepção expandida. Ajude-me a ver com clareza e a me conectar com as verdades que sustentam meu caminho mais elevado."

A exploração dos sonhos é outra maneira de acessar reinos superiores e se conectar com aspectos multidimensionais do seu ser. Antes de ir dormir, estabeleça a intenção de receber insights ou orientação durante seus sonhos, pedindo a Miguel para protegê-lo e guiá-lo durante a noite. Em sua mente ou em voz alta, diga: "Arcanjo Miguel, eu convido sua presença em meus sonhos. Ajude-me a lembrar e entender quaisquer mensagens ou experiências que sirvam ao meu crescimento." Mantenha um diário ao lado da cama para registrar seus sonhos ao acordar, anotando quaisquer símbolos, temas ou sentimentos recorrentes. Com o tempo, você pode descobrir que seus sonhos se tornam mais vívidos, oferecendo vislumbres de dimensões superiores ou aspectos mais profundos de sua psique.

Para aprofundar sua conexão com os reinos superiores, pratique a ativação do terceiro olho com o apoio de Miguel. Sente-se em silêncio e coloque seu foco no espaço entre as sobrancelhas, a área conhecida como terceiro olho ou chakra da testa. Visualize uma pequena luz brilhante aqui, um centro de percepção e insight. Ao se concentrar nessa luz, imagine a energia azul de Miguel se fundindo a ela, aumentando sua clareza e força. Diga: "Arcanjo Miguel, ative meu terceiro olho, ajudando-me a ver além do físico e a perceber a sabedoria dos reinos superiores." Sinta este centro se expandindo, uma porta de entrada para a visão espiritual que permite que você se conecte com energias e insights mais sutis.

Durante os momentos de quietude interior, experimente a escuta intuitiva, abrindo-se a quaisquer mensagens ou impressões que surjam. Sente-se em silêncio com a presença de Miguel, limpando sua mente de quaisquer distrações e simplesmente ouça. Você pode notar pensamentos, sentimentos ou vozes sutis que parecem se originar além de sua consciência usual. Permita que essas impressões venham e vão, confiando que a energia de Miguel está guiando você para receber insights de fontes superiores. Diga: "Arcanjo Miguel, ajude-me a ouvir e entender as mensagens dos reinos superiores. Abra meu coração e minha mente para a sabedoria divina."

Trabalhar com cristais que aumentam a percepção também pode apoiar sua exploração da consciência multidimensional. Cristais como ametista, labradorita e selenita são conhecidos por suas propriedades de expansão da consciência e conexão com energias superiores. Segure um cristal em sua mão, convidando a presença de Miguel para amplificar suas propriedades, e coloque-o em seu terceiro olho ou segure-o enquanto medita. Diga: "Arcanjo Miguel, abençoe este cristal e ajude-o a aprimorar minha percepção. Guie-me para ver com clareza e me conectar com a sabedoria dos reinos espirituais." Esses cristais servem como ferramentas que apoiam sua jornada, criando uma ponte entre as energias físicas e espirituais.

A Espada da Clareza de Miguel é uma ferramenta inestimável para limpar quaisquer ilusões ou distorções que possam surgir durante sua exploração. Conforme você se abre para os reinos superiores, a mente pode introduzir dúvidas, medos ou interpretações errôneas. Visualize Miguel segurando sua espada, sua luz azul cortando qualquer confusão ou distrações, revelando a pura verdade. Diga: "Arcanjo Miguel, use sua Espada da Clareza para limpar minha mente de ilusões. Ajude-me a perceber a verdade com sabedoria e discernimento." Essa prática fortalece sua conexão com a energia de Miguel e garante que suas percepções permaneçam claras e alinhadas com seu bem maior.

Para obter suporte adicional, crie um diário espiritual dedicado a registrar suas experiências, insights e impressões à medida que você desenvolve sua percepção multidimensional. Anote quaisquer sensações, símbolos ou orientações que você receber, mesmo que pareçam sutis ou obscuros no início. Com o tempo, padrões podem surgir, oferecendo uma visão mais profunda de sua jornada espiritual. Refletir sobre essas experiências com a orientação de Miguel pode revelar significados ocultos e confirmar o progresso que você está fazendo na expansão de sua percepção.

Finalmente, expresse gratidão a Miguel por sua orientação e proteção ao longo desta jornada de percepção expandida. Cada vez que você trabalhar com ele, termine a sessão dizendo: "Obrigado, Arcanjo Miguel, por sua luz, sua proteção e sua orientação. Sou grato pela clareza e insights que você traz ao meu caminho." Essa gratidão reforça seu vínculo com ele, fundamentando sua exploração em um espírito de reverência e respeito.

À medida que você continua a expandir sua percepção multidimensional, pode descobrir que sua compreensão da realidade se transforma, abrangendo não apenas o mundo físico, mas também as energias, entidades e verdades dos reinos superiores. A presença de Miguel se torna um guia confiável nesse processo, ajudando você a navegar por essas realidades expandidas com força, clareza e confiança. Por meio de sua orientação, você aprende a confiar em sua visão interior, a abraçar seus insights espirituais e a explorar os mistérios da existência com um coração aberto.

Expandir sua percepção com Miguel é uma jornada na vastidão da existência, onde cada insight, cada visão e cada impressão o aproxima da verdade de quem você é. Sua energia se torna uma âncora, uma força de ancoragem que permite que você explore sem medo, um lembrete de que você está sempre protegido e apoiado. Com Miguel ao seu lado, você tem o poder de abraçar a natureza multidimensional da vida, de ver além do físico e de se conectar com a sabedoria divina que flui por todas as coisas.

Este é o cerne da expansão de sua percepção multidimensional com o Arcanjo Miguel — uma jornada de despertar, descoberta e transformação, um caminho onde você experimenta a vida como uma dança de energias, cores e verdades que enriquecem sua alma e elevam seu espírito. Por meio dessa jornada, você caminha na luz da consciência expandida, guiado pela presença eterna de Miguel, um ser de puro amor que ilumina todas as dimensões de seu caminho espiritual.

Capítulo 39
Colaborando com os Anjos Elementais

Colaborar com os anjos elementais sob a orientação do Arcanjo Miguel é uma jornada à sabedoria e energia da própria natureza. Os anjos elementais — guardiões da terra, água, fogo e ar — personificam as forças primordiais que moldam nosso mundo e influenciam todos os aspectos da vida. Cada elemento detém qualidades e ensinamentos únicos e, ao se conectar com os anjos elementais, você obtém acesso a energias que apoiam a cura, o equilíbrio, a criatividade e a transformação pessoal. Com Miguel como seu guia e protetor, trabalhar com esses anjos se torna uma experiência harmoniosa, uma dança entre espírito e natureza que o alinha com os ritmos da terra e do universo.

Os anjos elementais não são apenas administradores do mundo natural, mas também aliados no caminho espiritual, ajudando você a aproveitar os poderes da natureza para melhorar sua vida e aprofundar sua prática espiritual. Colaborar com esses anjos por meio da orientação de Miguel o convida a honrar os elementos como forças sagradas, a respeitar sua sabedoria e a integrar suas qualidades em si mesmo. Essa colaboração expande sua consciência, fundamentando sua espiritualidade no mundo natural e criando um senso de unidade com toda a criação.

Para começar a trabalhar com os anjos elementais, crie um espaço em sua casa ou ao ar livre onde você se sinta conectado à natureza. Convide Miguel para se juntar a você dizendo: "Arcanjo Miguel, invoco sua orientação e proteção enquanto me conecto com os anjos elementais. Ajude-me a honrar e compreender a sabedoria da terra, água, fogo e ar." Visualize a luz azul de Miguel envolvendo você, criando um círculo sagrado que mantém sua energia ancorada e alinhada com seu bem maior. Sua presença garante que sua conexão com os anjos elementais será segura, clara e enraizada no respeito.

O elemento terra, representado pelos seres angelicais da terra, incorpora estabilidade, força e nutrição. Este elemento está conectado à saúde física, abundância e ancoragem. Para se conectar com os anjos elementais da terra, passe algum tempo na natureza, sentindo o solo sob seus pés, as árvores ao seu redor e a estabilidade do chão. Visualize a luz de Miguel se fundindo com a energia verde terrosa desses anjos e diga: "Arcanjo Miguel e anjos da terra, abençoem-me com a energia da ancoragem, força e abundância. Ajudem-me a permanecer enraizado em meu propósito e conectado aos ritmos da terra."

Ao trabalhar com o elemento terra, observe como ele traz uma sensação de calma e resiliência, uma base sólida que sustenta seu crescimento. Você também pode querer carregar ou meditar com pedras como jaspe, hematita ou ágata musgo, que ressoam com a energia da terra e fortalecem sua conexão com esses anjos. Os anjos elementais da terra o encorajam a cultivar a paciência, nutrir seu corpo e alma e construir uma vida que reflita estabilidade e abundância.

O elemento água, representado pelos anjos elementais da água, é a força do fluxo, intuição e profundidade emocional. Este elemento está conectado à cura, purificação e mente inconsciente. Para se conectar com os anjos da água, encontre um corpo de água — como um rio, lago ou até mesmo uma tigela de água em seu espaço — e permita-se sentir sua fluidez e calma. Imagine a energia de Miguel se juntando à luz suave e fluida dos anjos da água. Diga: "Arcanjo Miguel e anjos da água, abençoem-me com cura emocional, intuição e paz. Ajudem-me a fluir graciosamente com as mudanças da vida e a ouvir a sabedoria interior."

Os anjos elementais da água o apoiam a abraçar suas emoções, confiar em sua intuição e curar feridas do passado. Ao trabalhar com esses anjos, considere usar a água como uma ferramenta ritual, talvez tomando um banho consciente ou lavando as mãos com intenção, simbolizando uma limpeza de emoções e pensamentos. Com a orientação de Miguel, os anjos da água lembram você do poder da fluidez, ajudando-o a navegar pelas transições da vida e a desenvolver um relacionamento mais profundo com seu eu interior.

O elemento fogo, representado pelos anjos elementais do fogo, é a energia da transformação, paixão e criatividade. O fogo inflama seus desejos, alimenta suas ações e traz à tona a luz da inspiração. Para se conectar com os anjos do fogo, acenda uma vela ou sente-se diante de uma chama, sentindo seu calor e energia vibrante. Visualize a luz protetora de Miguel cercando a chama, fundindo-se com a energia vermelha ou dourada brilhante do anjo do fogo. Diga: "Arcanjo Miguel e anjos do fogo, abençoem-me com coragem, criatividade e o poder de transformar. Ajudem-me a abraçar minhas paixões e a agir com propósito e inspiração."

Os anjos elementais do fogo o encorajam a aproveitar seu fogo interior, a dar passos ousados e a liberar qualquer coisa que não lhe sirva mais. Ao trabalhar com esses anjos, concentre-se nos objetivos ou sonhos que deseja manifestar, permitindo que a energia do fogo inspire e impulsione suas ações. Por meio da orientação de Miguel, o fogo se torna uma força transformadora que alimenta o propósito de sua alma, inflamando novos níveis de motivação e criatividade dentro de você.

O elemento ar, representado pelos anjos elementais do ar, é a energia do intelecto, clareza e comunicação. O ar governa pensamentos, ideias e o fluxo de conhecimento, trazendo novas perspectivas e liberdade mental. Para se conectar com os anjos do ar, passe algum tempo ao ar livre, sentindo o vento em sua pele, ou simplesmente concentre-se em sua respiração enquanto ela flui para dentro e para fora. Visualize a presença de Miguel se misturando com a energia leve e transparente dos anjos do ar. Diga: "Arcanjo Miguel e anjos do ar, abençoem-me com clareza, discernimento e liberdade. Ajudem-me a liberar pensamentos limitantes e a me comunicar com verdade e sabedoria."

Os anjos elementais do ar convidam você a explorar sua mente, buscar conhecimento e abraçar uma leveza de ser. Eles o ajudam a liberar ideias estagnadas e trazer novas percepções para sua vida. Ao trabalhar com esses anjos, considere práticas como escrever um diário, respiração profunda ou meditação para abrir sua mente e coração para novas perspectivas. Com a orientação de Miguel, os anjos do ar o apoiam a se expressar claramente, deixando de lado pensamentos pesados e alinhando-se com a verdade de quem você é.

Cada anjo elemental traz dons únicos, e a presença de Miguel fornece equilíbrio e proteção enquanto você trabalha com eles. Para integrar essas energias em sua vida diária, considere criar um altar elemental. Coloque representações de cada elemento — como uma pedra para a terra, uma tigela de água, uma vela para o fogo e uma pena para o ar — em seu altar, convidando a energia de cada anjo para o seu espaço. Com a orientação de Miguel, abençoe o altar dizendo: "Arcanjo Miguel, convido sua proteção sobre este espaço sagrado. Que os anjos elementais tragam seus dons para minha vida, ajudando-me a viver em harmonia com o mundo natural."

Em momentos em que você busca equilíbrio ou inspiração, use a meditação elemental para se conectar com qualquer um ou todos os elementos. Feche os olhos e visualize a luz azul de Miguel envolvendo você, ancorando e protegendo você. Então, um por um, convide cada anjo elemental para se juntar a você: veja a energia verde da terra ancorando você, a energia azul da água trazendo calma, a energia dourada do fogo inflamando sua paixão e a luz branca do ar enchendo você de clareza. A cada respiração, sinta essas energias se integrando dentro de você, equilibrando sua mente, corpo e espírito. Diga: "Arcanjo Miguel, terra, água, fogo e ar — que esses elementos tragam equilíbrio, harmonia e inspiração para minha vida."

Para aprofundar seu relacionamento com os anjos elementais, pratique gratidão e respeito pelo mundo natural. Cada vez que você se conectar com a natureza, seja tocando o solo, bebendo água, acendendo uma vela ou respirando profundamente, reconheça a presença das forças elementais e agradeça-lhes por seus dons. Diga: "Obrigado, anjos elementais, por sua presença e sabedoria. Honro sua energia em minha vida e sou grato por seu apoio." Essa gratidão cultiva um profundo respeito pelos elementos e reforça seu vínculo com essas forças angelicais.

Refletir sobre suas experiências com os elementos em um diário espiritual também pode aprimorar sua compreensão de sua influência. Registre quaisquer insights, sentimentos ou mudanças de perspectiva que surjam ao trabalhar com os anjos elementais. Com o tempo, você pode notar padrões ou crescimento pessoal que revelam como cada elemento apoia diferentes aspectos de sua vida. A orientação de Miguel ajuda você a integrar essas energias, permitindo que você extraia força e sabedoria do mundo natural enquanto segue em frente.

Colaborar com os anjos elementais traz uma sensação de integridade, ancoragem e vitalidade ao seu caminho espiritual. Com Miguel ao seu lado, cada elemento se torna uma porta para uma maior autocompreensão e conexão com o divino. A Terra ensina você a se manter forte e a se nutrir, a água o guia na profundidade emocional e na cura, o fogo inflama sua força interior e criatividade, e o ar eleva seu espírito com clareza e sabedoria.

Ao honrar os anjos elementais, você se abre para a sacralidade da vida, vendo o mundo natural como um reflexo da inteligência e beleza divinas. A presença de Miguel garante que sua jornada com os elementos seja de equilíbrio, respeito e harmonia, guiando você a se alinhar com os ritmos da natureza e a reconhecer a interconexão de todas as coisas.

Este é o cerne da colaboração com os anjos elementais sob a orientação do Arcanjo Miguel — uma jornada de unidade, empoderamento e reverência, onde cada elemento se torna um professor, um amigo e uma fonte de força em seu caminho. Com o apoio de Miguel, você abraça os dons da terra, água, fogo e ar, encontrando equilíbrio interior e aprofundando seu vínculo com as forças sagradas que sustentam a própria vida.

Capítulo 40
Miguel como Patrono dos Guerreiros

O Arcanjo Miguel é celebrado em diversas culturas e tradições espirituais como um patrono dos guerreiros, um protetor daqueles que defendem a justiça, a integridade e a paz. Seu papel como guerreiro celestial não é apenas um símbolo de força e coragem, mas também um testemunho de sua dedicação em guiar e apoiar aqueles que são chamados a proteger os outros. Trabalhar com Miguel nesse papel é convidar suas qualidades de bravura, honra e convicção inabalável para a sua própria vida. Se você está enfrentando batalhas no mundo externo ou dentro do seu próprio coração, Miguel está ao seu lado como um aliado, oferecendo sua espada de luz e escudo de proteção para guiá-lo em direção à vitória e integridade.

O conceito de "guerreiro" na orientação de Miguel transcende o combate físico; ele incorpora o espírito de resiliência, a busca por justiça e o compromisso de defender a verdade e a compaixão. Aqueles que trilham esse caminho – seja como protetores, defensores, curadores ou indivíduos que se esforçam para superar desafios pessoais – são recebidos com a presença constante de Miguel. Sua energia fortifica o espírito, ajudando você a enfrentar desafios com uma mente clara, um coração corajoso e a certeza de que não está sozinho.

Para começar a trabalhar com Miguel como patrono dos guerreiros, crie um espaço sagrado onde você possa se conectar com a energia dele. Sente-se confortavelmente, feche os olhos e respire fundo algumas vezes, cada expiração liberando qualquer tensão ou dúvida. Em sua mente ou em voz alta, diga: "Arcanjo Miguel, eu o invoco como o protetor dos guerreiros. Fique comigo, fortaleça meu espírito e guie-me no caminho da justiça, verdade e coragem." Visualize Miguel diante de você, sua luz azul irradiando força, sua Espada de Luz erguida, um símbolo de clareza, honra e determinação inabalável. Sinta a energia dele preenchendo você, despertando o espírito do guerreiro interior.

Um dos presentes de Miguel para aqueles que o invocam é a Espada da Verdade. Esta espada representa não apenas a força física, mas também o poder do discernimento, a capacidade de enxergar através das ilusões e defender a integridade. Imagine Miguel entregando a você esta espada, sua luz se fundindo com sua própria energia. Ao segurá-la, sinta seu peso e propósito – uma ferramenta que corta a confusão, que defende a verdade e a clareza. Diga: "Arcanjo Miguel, abençoe-me com sua Espada da Verdade. Ajude-me a ver com clareza, a falar com honestidade e a agir com integridade." Essa visualização alinha você com a força de Miguel, lembrando-o de buscar a verdade e a justiça em todos os seus empreendimentos.

Outro aspecto essencial da orientação de Miguel é seu Escudo de Proteção, um símbolo de defesa e resiliência. Este escudo não é apenas uma barreira física, mas também uma fronteira espiritual, um lembrete da importância da autoproteção e da força interior. Visualize o escudo de Miguel cercando você, uma barreira que reflete qualquer negatividade, dúvida ou pressões externas. Diga: "Arcanjo Miguel, proteja-me com seu escudo. Guarde meu espírito e ajude-me a permanecer firme em meus valores e propósito." Este escudo reforça sua força interior, criando um espaço seguro a partir do qual você pode navegar pelos desafios com resiliência e paz.

Para aqueles que buscam desenvolver a força interior, a prática da Respiração da Coragem de Miguel é uma ferramenta poderosa. Sente-se em silêncio e coloque a mão sobre o coração, sentindo sua respiração subir e descer. Visualize a luz azul de Miguel entrando em seus pulmões a cada inspiração, enchendo você de coragem, bravura e confiança. A cada expiração, libere qualquer medo, dúvida ou hesitação. Diga: "A cada respiração, inspiro a coragem de Miguel. Sou forte, estou protegido e pronto para enfrentar qualquer desafio." Essa prática respiratória centraliza você, acalmando sua mente e fortalecendo seu espírito com a força inabalável de Miguel.

O papel de Miguel como patrono dos guerreiros também envolve ajudá-lo a superar batalhas internas – lutas com medo, insegurança ou feridas do passado. Para trabalhar com ele dessa forma, traga à mente quaisquer conflitos internos que você deseja resolver.

Visualize Miguel ao seu lado, sua mão em seu ombro, uma presença reconfortante que o tranquiliza de seu apoio. Diga: "Arcanjo Miguel, ajude-me a vencer as batalhas dentro de mim. Conceda-me a coragem de enfrentar meus medos e a força para liberar o que não me serve mais." Permita que a energia dele se funda com a sua, ajudando você a superar esses desafios e emergir mais forte e resiliente.

Em tempos de adversidade, a Armadura de Luz de Miguel pode ser uma poderosa fonte de proteção e empoderamento. Imagine Miguel colocando uma armadura feita de luz azul e dourada ao seu redor, cada peça se encaixando perfeitamente, um símbolo de resiliência espiritual e proteção divina. Diga: "Arcanjo Miguel, proteja-me com sua Armadura de Luz. Que nenhum dano, dúvida ou medo penetre nesta armadura. Ajude-me a me manter firme e enfrentar cada desafio com coragem e graça." Essa armadura se torna uma salvaguarda espiritual, ajudando você a se sentir protegido, mesmo em meio à dificuldade, permitindo que você avance com confiança.

Afirmações de força e resiliência podem reforçar sua conexão com a energia guerreira de Miguel. Escolha afirmações que ressoem com as qualidades que você deseja incorporar, como "Sou corajoso e forte", "Ajo com honra e integridade" ou "Com a orientação de Miguel, supero todos os obstáculos". Repita essas afirmações diariamente, de preferência enquanto visualiza a luz de Miguel ao seu redor. Cada afirmação serve como um lembrete da presença de Miguel, uma reafirmação do espírito guerreiro que reside dentro de você.

Em tempos de crise ou desafio, invocar a Intercessão de Proteção de Miguel pode fornecer conforto e força imediatos. Feche os olhos, concentre-se em seu coração e visualize a luz de Miguel cercando você como um escudo protetor. Diga: "Arcanjo Miguel, invoco sua proteção. Fique comigo, defenda-me e ajude-me a encontrar a força para superar esta provação." Sinta a energia dele ancorando você, uma força que protege e fortalece, trazendo uma sensação de paz e empoderamento, mesmo diante da adversidade.

Miguel também guia aqueles que protegem os outros – sejam eles guerreiros físicos, cuidadores, defensores ou protetores da justiça. Se você está em um papel que envolve proteger ou apoiar outras pessoas, convide Miguel para ficar ao seu lado, oferecendo sua força e orientação. Diga: "Arcanjo Miguel, guie-me em meu papel como protetor. Ajude-me a agir com coragem, compaixão e sabedoria, e a honrar a confiança que os outros depositam em mim." Sinta a energia dele fortalecendo seu compromisso, dando a você a clareza e a força necessárias para servir com integridade.

Para honrar o legado de Miguel como patrono dos guerreiros, considere criar um altar de coragem e proteção dedicado a ele. Coloque símbolos de força – como uma pequena espada, um escudo ou cristais como obsidiana, turmalina negra ou cornalina – junto com uma vela azul que representa sua presença. Acenda a vela todos os dias e convide Miguel para abençoar seu altar, dizendo: "Arcanjo Miguel, dedico este espaço à sua força e proteção. Que ele inspire coragem, honra e resiliência em todos que o invocam." Este altar serve como um ponto de referência, um lugar onde você pode se reconectar com a energia guerreira de Miguel sempre que precisar de orientação ou apoio.

Refletir sobre sua jornada e os desafios que você enfrentou também pode aprofundar sua conexão com a orientação guerreira de Miguel. Em um diário, escreva sobre os momentos em que você sentiu coragem, momentos em que se manteve firme em sua verdade ou ocasiões em que superou a adversidade. Agradeça a Miguel por seu papel nessas experiências, por sua proteção e orientação. Diga: "Obrigado, Arcanjo Miguel, por caminhar ao meu lado em cada desafio. Sou grato por sua força, sua coragem e seu apoio inabalável." Essa reflexão não apenas honra a presença de Miguel, mas também reforça o espírito guerreiro que cresceu dentro de você.

Para aqueles que se sentem chamados a servir como defensores, protetores ou guardiões no mundo, a orientação de Miguel oferece um caminho de propósito e resiliência. Seu espírito guerreiro inspira um compromisso com a justiça, a verdade e a compaixão, uma dedicação em proteger os vulneráveis e defender o que é certo. Ao abraçar o papel de Miguel como seu patrono, você se alinha com essas qualidades, encontrando a força para enfrentar qualquer oposição e a coragem para defender os valores que você preza.

Ao honrar Miguel como o patrono dos guerreiros, você trilha um caminho de integridade, resiliência e compaixão, um caminho iluminado por sua orientação e força. Quer você enfrente batalhas no mundo exterior ou dentro de si mesmo, a presença de Miguel o lembra de que você nunca está sozinho – que sua espada, seu escudo e seu espírito estão ao seu lado, ajudando você a superar tudo o que está diante de você.

Esta é a essência da orientação guerreira de Miguel – uma jornada de coragem, verdade e fé inabalável. Com Miguel ao seu lado, você enfrenta os desafios da vida como um guerreiro espiritual, uma alma dedicada ao caminho da honra, integridade e força divina. Através de cada teste, cada triunfo e cada momento de resiliência, você incorpora o espírito do guerreiro, um reflexo da luz eterna e da proteção inabalável do Arcanjo Miguel.

Capítulo 41
Estendendo a Conexão à Família

Estender a conexão com o Arcanjo Miguel à sua família é um ato profundamente unificador que traz sua presença protetora, curadora e orientadora para os corações e vidas daqueles que você ama. Os laços familiares, sejam eles relacionamentos por nascimento, escolha ou espírito, formam o núcleo de nossos sistemas de apoio, moldando quem somos e quem nos tornamos. Trazer Miguel para essas conexões oferece uma maneira de fortalecer a unidade, cura e compreensão familiar. Sua presença traz paz aos conflitos, orientação em tempos de decisão e um escudo de proteção que abraça cada membro com amor e cuidado.

A energia de Miguel pode elevar e unificar a unidade familiar, ajudando cada membro a se sentir valorizado, protegido e conectado a algo maior. Trabalhar com Miguel como uma família não apenas promove a proximidade espiritual, mas também convida uma presença divina para as interações cotidianas, criando uma atmosfera harmoniosa onde o amor, o respeito e a compaixão podem florescer. Cada membro da família, esteja ele ciente ou não de sua presença, pode se beneficiar da luz e da paz que Miguel traz.

Para começar a convidar a presença de Miguel em sua família, comece definindo uma intenção pessoal de ser uma âncora de sua energia. Sente-se silenciosamente em um espaço confortável, feche os olhos e respire fundo algumas vezes, cada expiração liberando quaisquer distrações ou estresse. Visualize Miguel ao seu lado, sua luz azul envolvendo você com calor, proteção e paz. Em sua mente ou em voz alta, diga: "Arcanjo Miguel, eu convido sua presença em minha família. Ajude-me a ser um receptáculo de sua paz, sua proteção e seu amor. Que sua luz flua através de mim, criando harmonia e unidade dentro de minha família." Essa intenção serve como base, permitindo que você mantenha a energia de Miguel e a compartilhe com aqueles que ama.

Criar um altar familiar dedicado a Miguel é uma maneira poderosa de manter sua presença viva em sua casa. Escolha um local em uma área comum, como a sala de estar ou a cozinha, e coloque símbolos que representem a energia de Miguel – uma vela azul, imagens ou estátuas dele, ou cristais como sodalita, lápis-lazúli ou ametista. Incentive os membros da família a colocar itens de significado pessoal no altar, conectando-os à energia de Miguel à sua maneira única. Acenda a vela todos os dias e diga: "Arcanjo Miguel, damos as boas-vindas à sua luz em nossa casa. Cerque nossa família com sua proteção, sua força e seu amor." Este altar se torna um ponto focal para sua energia, um lugar onde os membros da família podem ir para se reconectar com sua presença.

Uma maneira de fortalecer os laços familiares com o apoio de Miguel é através de orações ou intenções familiares para proteção e unidade. Reúnam-se como uma família e, de mãos dadas ou sentados próximos, convidem Miguel para se juntar a vocês. Digam: "Arcanjo Miguel, invocamos sua proteção e orientação para nossa família. Ajude-nos a apoiar uns aos outros, a nos entendermos com compaixão e a encontrar força na unidade." Cada membro da família pode se revezar expressando suas esperanças ou intenções, criando uma oração ou intenção coletiva que Miguel pode amplificar. Essa prática promove um senso de proximidade e apoio mútuo, aprofundando o vínculo que os conecta.

Bênçãos individuais para cada membro da família com a luz de Miguel podem ajudar todos a se sentirem vistos, valorizados e protegidos. Visualize cada membro da família, por sua vez, cercando-o com a luz azul de Miguel. Se for apropriado, você pode colocar gentilmente a mão em seu ombro ou cabeça, convidando silenciosamente a presença de Miguel para abençoá-lo. Diga: "Arcanjo Miguel, abençoe [nome do membro da família] com sua força, sua orientação e sua proteção. Ajude-o a se sentir seguro, amado e apoiado." Esta bênção não apenas fortalece sua conexão com Miguel, mas também os lembra de seu valor e do amor que os cerca.

A meditação familiar guiada com Miguel pode trazer uma sensação de calma e unidade, especialmente em tempos de estresse ou mudança. Reúnam-se em um espaço confortável e conduzam a família em uma breve visualização. Fechem os olhos e convidem cada pessoa a imaginar a luz azul de Miguel cercando toda a família, criando um casulo quente e protetor. Digam: "Arcanjo Miguel, cerque nossa família com sua paz e proteção. Ajude-nos a sentir seu amor e a nos conectar uns com os outros em compreensão e harmonia." Deixe esta visualização criar um momento de calma compartilhada, permitindo que todos se sintam centrados e apoiados.

Em tempos de conflito ou mal-entendido, a orientação de Miguel pode trazer cura e resolução. Se surgir um conflito, sente-se em silêncio com a presença de Miguel, pedindo-lhe que o ajude a ver a situação com compaixão e clareza. Visualize sua luz preenchendo o espaço entre você e o membro da família com quem você está lutando. Diga: "Arcanjo Miguel, traga paz a esta situação. Ajude-nos a nos entendermos, a liberar qualquer raiva ou medo e a encontrar um ponto em comum." Imagine sua Espada de Luz dissolvendo suavemente qualquer tensão, ajudando cada pessoa a se sentir ouvida e respeitada. Esta prática convida a energia de Miguel para momentos desafiadores, promovendo empatia e reconciliação.

Para famílias que passam por grandes transições, como mudança, perda ou mudanças significativas na vida, a presença de Miguel oferece uma sensação de estabilidade e apoio. Reúnam-se como uma família e convidem Miguel para ajudar cada pessoa a encontrar força e paz em meio à mudança. Digam: "Arcanjo Miguel, guie-nos através desta transição. Ajude-nos a apoiar uns aos outros, a permanecermos fortes e a confiar no caminho a seguir." Visualize sua luz envolvendo cada membro da família, uma força constante que os mantém firmes e unidos.

As crianças, em particular, podem se beneficiar de uma conexão com a presença de Miguel, encontrando conforto e segurança em sua energia protetora. Ensine-lhes uma oração simples para a hora de dormir ou uma visualização para convidar Miguel a cuidar delas enquanto dormem. Guie-as a imaginar uma luz azul cercando sua cama, como um casulo gentil, e diga: "Arcanjo Miguel, por favor, cuide de mim esta noite. Proteja-me e mantenha-me seguro." Essa prática ajuda as crianças a se sentirem seguras, sabendo que estão sendo cuidadas por uma presença benevolente.

Envolver sua família em atos de serviço ou bondade inspirados nas qualidades de compaixão e proteção de Miguel pode aprofundar o vínculo entre os membros da família e expandir sua conexão com ele. Sejam voluntários juntos, pratiquem atos aleatórios de bondade ou encontrem maneiras de apoiar os necessitados. Digam: "Arcanjo Miguel, guie-nos para sermos receptáculos de sua compaixão e força. Ajude-nos a levar sua luz aos outros e a trabalhar juntos no espírito de amor e bondade." Cada ato de serviço fortalece a presença de Miguel em sua família, criando um senso compartilhado de propósito e unidade.

Para incentivar as conexões individuais com Miguel, forneça aos membros da família pequenos tokens ou lembretes de sua energia, como uma pedra azul, uma pequena medalha ou um cartão de oração. Incentive-os a carregar esses tokens com eles ou a colocá-los em espaços pessoais como um lembrete da proteção e orientação de Miguel. Esses pequenos itens servem como pedras de toque, lembretes pessoais de que eles são sempre apoiados por sua presença.

Em momentos de gratidão, reúnam-se como uma família para agradecer a Miguel por sua orientação e proteção. Acendam uma vela no altar da família e, de mãos dadas, ofereçam palavras de apreço. Digam: "Obrigado, Arcanjo Miguel, por cuidar de nossa família, por sua orientação e por seu amor. Somos gratos por sua presença em nossas vidas e pela força que você nos dá a cada dia." Essa expressão de gratidão aprofunda sua conexão coletiva com Miguel, reafirmando o vínculo que une sua família em sua luz.

Manter um diário de gratidão familiar dedicado a Miguel também pode ser uma maneira significativa de registrar suas bênçãos. Incentive cada membro da família a escrever ou desenhar momentos em que sentiram a orientação, proteção ou amor de Miguel. Com o tempo, este diário se torna um testemunho de sua influência, um registro compartilhado das maneiras pelas quais Miguel apoiou e fortaleceu sua família.

À medida que você continua a estender a presença de Miguel à sua família, você pode notar uma mudança na energia de sua casa – uma maior sensação de paz, unidade e apoio. A luz de Miguel se torna uma presença constante, enchendo sua família de amor, guiando cada membro em seu caminho único e criando uma base de confiança e força. Sua influência promove um espaço onde todos se sentem valorizados, compreendidos e apoiados, ajudando todos vocês a crescerem juntos em harmonia.

Ao estender a energia de Miguel à sua família, você cria um legado de amor, unidade e conexão espiritual que enriquece a vida de cada pessoa. Esta é a essência de convidar o Arcanjo Miguel para sua família – uma jornada onde cada relacionamento é fortalecido, cada coração é protegido e cada alma encontra paz em sua presença. Com a orientação de Miguel, sua família se torna um círculo de amor e luz, uma unidade sagrada mantida unida pela força e compaixão do divino.

Capítulo 42
Aplicando os Ensinamentos na Vida Diária

Aplicar os ensinamentos do Arcanjo Miguel na vida diária é um ato de tecer sua força, sabedoria e orientação na estrutura de suas experiências cotidianas. Enquanto rituais, invocações e meditações estabelecem uma profunda conexão espiritual, integrar a presença de Miguel em momentos rotineiros traz sua energia à vida de forma contínua e acessível. Quando você leva seus ensinamentos para o ordinário, você constrói uma base de resiliência, compaixão e clareza que o apoia, não apenas em momentos de necessidade, mas nos momentos silenciosos e comuns que muitas vezes definem o curso de sua vida.

Convidar a orientação de Miguel para sua vida diária começa com o estabelecimento de intenções a cada manhã. Ao acordar, sente-se calmamente e coloque as mãos sobre o coração, visualizando a luz azul de Miguel ao seu redor. Diga: "Arcanjo Miguel, esteja comigo hoje. Guie-me para agir com força, integridade e compaixão. Ajude-me a fazer escolhas que reflitam meu eu superior." Essa intenção matinal alinha sua energia com a orientação de Miguel, criando uma bússola mental e emocional que orienta seu dia em direção à clareza, proteção e propósito.

Uma das maneiras mais poderosas de levar os ensinamentos de Miguel para sua vida diária é através da prática da presença consciente. A energia de Miguel nos ensina a permanecer firmes e totalmente engajados, independentemente das distrações externas. Durante o seu dia, reserve momentos para fazer uma pausa, concentre-se na sua respiração e imagine a luz azul de Miguel preenchendo todo o seu corpo. Essa prática o centraliza, ajudando-o a liberar qualquer estresse ou energia dispersa e retornar a um estado de consciência calma. Diga a si mesmo: "Com a orientação de Miguel, estou totalmente presente. Eu ajo com propósito, enraizado na paz." Praticar a presença consciente com o apoio de Miguel traz um senso de foco e propósito até mesmo para as menores tarefas, transformando-as em atos de intenção e clareza.

Visualizações protetoras são maneiras simples, porém poderosas, de trazer a energia de Miguel para situações que podem ser desafiadoras ou estressantes. Antes de entrar em uma reunião difícil, um local lotado ou qualquer situação em que você sinta a necessidade de proteção, faça uma pausa e visualize o escudo de Miguel ao seu redor. Imagine sua luz azul formando uma barreira que reflete qualquer negatividade ou estresse para longe de você, mantendo-o seguro e centrado. Diga: "Arcanjo Miguel, proteja-me com seu escudo. Permita-me passar por esta experiência com força, paz e resiliência." Essa visualização o capacita a enfrentar cada situação com uma mente calma e um senso de segurança, sabendo que a energia protetora de Miguel está ao seu redor.

Para aplicar os ensinamentos de Miguel sobre honestidade e integridade, comprometa-se a falar e agir com a verdade ao longo do dia. Sempre que se sentir tentado a esconder seus verdadeiros pensamentos ou distorcer seus valores, lembre-se da Espada da Verdade de Miguel. Visualize-se segurando essa espada, sua luz ajudando você a falar com honestidade e integridade. Diga silenciosamente: "Com a orientação de Miguel, eu falo minha verdade com bondade e coragem." Essa prática ajuda você a alinhar suas palavras e ações com seus valores mais elevados, fortalecendo sua conexão com a energia de Miguel e construindo uma base de autenticidade em seus relacionamentos.

Outra maneira de trazer os ensinamentos de Miguel para a vida diária é praticando atos de bondade e compaixão inspirados por sua energia protetora e amorosa. A presença de Miguel nos encoraja a ser uma fonte de luz para os outros, ajudando os necessitados e demonstrando bondade sempre que possível. Procure maneiras simples de servir – ouvindo alguém que precisa de apoio, ajudando um amigo ou simplesmente oferecendo um sorriso a um estranho. Diga a si mesmo: "Com a orientação de Miguel, trago luz e compaixão aos outros." Cada ato de bondade se torna uma expressão viva da energia de Miguel, fortalecendo seu vínculo com ele e criando uma onda de positividade no mundo.

Em momentos de dúvida ou medo, afirmações de força com o apoio de Miguel podem recentralizar sua energia. Sempre que se sentir ansioso, coloque a mão no coração e repita silenciosamente: "Com a orientação de Miguel, sou forte, corajoso e capaz." Visualize sua luz azul preenchendo você com resiliência, dissolvendo quaisquer dúvidas ou medos. Esta simples afirmação ajuda você a incorporar as qualidades de Miguel, lembrando-o de que sua força está sempre disponível para você, independentemente dos desafios que você enfrenta.

A orientação de Miguel também é inestimável no cultivo do equilíbrio emocional e da paciência. Quando você sentir emoções surgindo – seja raiva, frustração ou tristeza – convide a presença calmante de Miguel para o seu coração. Feche os olhos, respire fundo algumas vezes e visualize sua luz azul acalmando você, trazendo paz às suas emoções. Diga: "Arcanjo Miguel, ajude-me a encontrar o equilíbrio interior. Permita-me responder com paciência, compreensão e calma." Essa prática transforma reações emocionais em respostas conscientes, ajudando você a passar por cada situação com graça e autoconsciência.

Para aplicar os ensinamentos de Miguel sobre discernimento e tomada de decisões, convide sua orientação cada vez que você enfrentar uma escolha, seja pequena ou significativa. Antes de tomar uma decisão, faça uma pausa e peça a Miguel para ajudá-lo a ver com clareza. Visualize sua Espada de Luz cortando qualquer confusão, revelando o caminho que se alinha com seu bem maior. Diga: "Arcanjo Miguel, guie-me para escolher sabiamente. Ajude-me a ver com clareza e agir com integridade." Confie em quaisquer sentimentos ou insights que surgirem, sabendo que a energia de Miguel está iluminando o caminho a seguir.

No final de cada dia, envolva-se em uma breve prática de reflexão com Miguel, revisando seu dia com gratidão e autoconsciência. Sente-se em silêncio e convide a presença de Miguel, permitindo que sua luz azul o envolva. Reflita sobre os momentos em que você se sentiu alinhado com seus ensinamentos, bem como quaisquer áreas em que você possa ter lutado. Diga: "Obrigado, Arcanjo Miguel, por me guiar hoje. Ajude-me a aprender com este dia e a me tornar mais forte em sua luz." Essa prática promove um senso de responsabilidade e gratidão, ajudando você a levar seus ensinamentos adiante com maior intenção a cada dia.

Manter um diário dedicado à influência de Miguel também pode apoiar sua jornada de integração de seus ensinamentos. A cada noite, anote quaisquer experiências em que você sentiu sua presença, orientação ou proteção durante o dia. Registre quaisquer insights, momentos de força ou instâncias de bondade que foram inspiradas por sua energia. Com o tempo, este diário se torna um testemunho de sua influência em sua vida, um registro das maneiras pelas quais você está se transformando por meio de sua orientação.

Para lembretes físicos, carregue um pequeno símbolo da energia de Miguel, como uma pedra azul, uma imagem ou um pingente, com você ao longo do dia. Sempre que você tocar ou vir este símbolo, deixe que ele o lembre de sua presença e de seu compromisso de aplicar seus ensinamentos. Diga a si mesmo: "Com a orientação de Miguel, estou protegido, guiado e forte." Esses pequenos lembretes reforçam sua conexão com ele, ancorando você em sua energia e intenções, mesmo nos momentos mais agitados.

Para concluir cada dia, ofereça gratidão a Miguel por sua orientação, apoio e presença. Acenda uma vela ou sente-se em silêncio, permitindo um momento para refletir sobre sua influência em sua vida. Diga: "Obrigado, Arcanjo Miguel, por caminhar comigo hoje. Sou grato por sua luz, sua força e seu amor. Ajude-me a levar seus ensinamentos adiante enquanto continuo em meu caminho." Essa expressão de gratidão fortalece seu vínculo com Miguel, reafirmando sua dedicação em viver em alinhamento com sua sabedoria e proteção.

Incorporar os ensinamentos de Miguel na vida diária transforma ações rotineiras em práticas sagradas, tornando cada dia uma oportunidade de crescer, servir e se alinhar mais plenamente com seu eu superior. Sua orientação se torna uma presença constante, uma fonte de força e paz que o apoia em cada escolha, interação e experiência. Por meio dessas pequenas práticas intencionais, você aprofunda sua conexão com Miguel, criando uma vida que reflete suas qualidades de coragem, compaixão, integridade e resiliência.

Aplicar os ensinamentos de Miguel na vida diária é uma jornada de alinhamento contínuo, uma prática de trazer sua luz para o ordinário e torná-lo extraordinário. Cada momento se torna uma expressão de sua influência, um passo em um caminho iluminado por sua presença. Com Miguel ao seu lado, seus dias são preenchidos com propósito, paz e um profundo senso de proteção, transformando a vida cotidiana em um reflexo vivo de sua orientação divina e apoio inabalável. Este é o cerne da aplicação dos ensinamentos de Miguel – uma vida fundamentada no amor, na força e na verdade, uma jornada em que cada dia se torna um testemunho da luz e da sabedoria do Arcanjo Miguel.

Epílogo

A jornada com o Arcanjo Miguel não termina aqui. Cada palavra, símbolo e prática descrita neste livro é uma ponte, uma ferramenta para você continuar cultivando essa conexão em sua vida. Ao chegar a este ponto, você não apenas leu, mas experimentou um processo de autodescoberta e empoderamento, guiado por uma força que transcende o material, uma força que o protege e o inspira a seguir em frente.

Você aprendeu que a proteção de Miguel não é apenas uma barreira contra o que é externo, mas uma luz interior que desperta dentro de você a coragem e a confiança para enfrentar qualquer desafio. Sim, ele o protege, mas também o fortalece, revelando que a verdadeira segurança é um estado de ser, uma paz que cresce interiormente, à medida que você se permite confiar, entregar-se e abrir-se à sua luz.

Ao longo desta jornada, você experimentou o poder transformador do escudo e da espada de Miguel, e agora carrega dentro de si uma nova compreensão de proteção e propósito. Esses símbolos sagrados não são meras metáforas, mas realidades espirituais que o ajudam a acessar seu próprio potencial. Cada vez que você invoca sua presença, você se lembra da capacidade de cortar os laços do passado, dissolver as sombras com o poder da luz azul e estabelecer limites que o protegem e o capacitam.

Este livro o convidou a abrir seu coração para receber, ao mesmo tempo em que o lembra da importância de dar, de equilibrar as forças da ação e do descanso, e de encontrar um estado de harmonia que ressoa dentro e ao seu redor. Ao internalizar esses ensinamentos, você começa a caminhar com maior leveza, sabendo que a força de Miguel está presente em cada passo, em cada escolha, em cada palavra.

Miguel, o guerreiro da luz, o guardião, permanece ao seu lado. Ele o acompanha em momentos de decisão, oferece clareza quando a dúvida surge e inspira coragem quando o medo ameaça. Ele é o farol que guia o caminho, mas também é o espelho que reflete sua própria luz e sabedoria. À medida que você cultiva essa conexão, descobrirá que os sinais de sua presença se tornam mais claros, que sua intuição se torna mais forte e que seu senso de segurança aumenta a cada novo dia.

A conclusão desta leitura não é um fim, mas um convite para continuar a jornada. A conexão com Miguel é uma construção contínua, um relacionamento que se fortalece à medida que você se permite confiar, abrir-se e evoluir. Ele sempre estará ao seu lado, em todas as situações em que você precisar de proteção, força ou paz. E, mantendo essa conexão viva, você não apenas encontra segurança, mas descobre a verdadeira liberdade de ser quem você é, de expressar a verdade que reside em seu coração.

Que você continue a caminhar com a força e a paz do Arcanjo Miguel, reconhecendo que sua luz está sempre o guiando. O verdadeiro poder de Miguel se manifesta em sua vida não apenas como proteção, mas como um chamado para você viver autenticamente, corajosamente e plenamente. A jornada continua, e com Miguel ao seu lado, cada passo revela novos horizontes e uma paz que nada pode abalar.